# LA CHALDÉE

## ESQUISSE HISTORIQUE

### SUIVIE

## DE QUELQUES RÉFLEXIONS SUR L'ORIENT

PAR

## M. L'ABBÉ P. MARTIN

CHAP. DE S.{ LOUIS-DES-FRANÇAIS

Sanabiles fecit nationes orbis terrarum.
SAP. I, 14.
Dieu fit guérissables les nations de la terre.

ROME
IMPRIMERIE DE LA *CIVILTÀ CATTOLICA*
1867

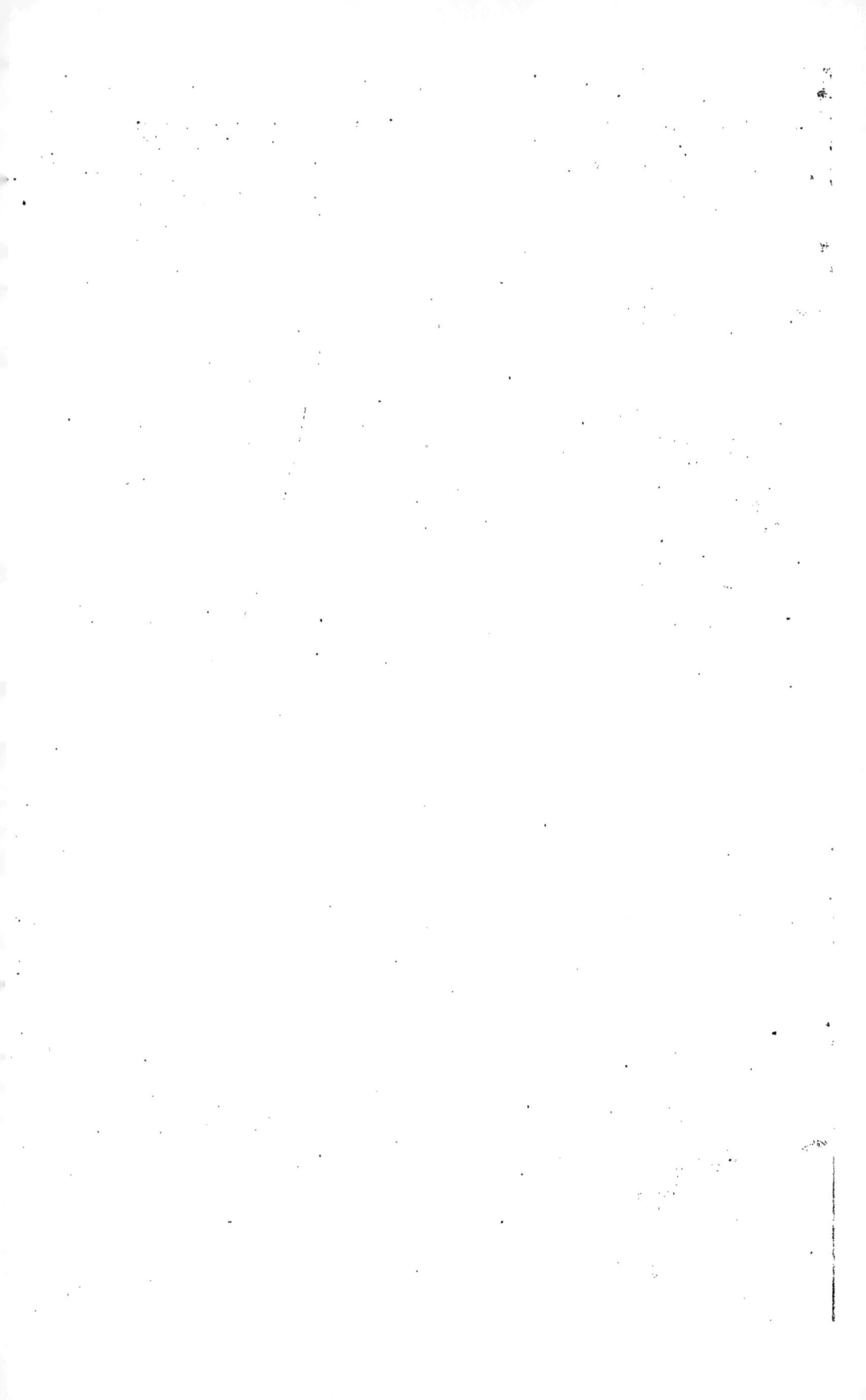

# LA CHALDÉE

## ESQUISSE HISTORIQUE

### SUIVIE

### DE QUELQUES RÉFLEXIONS SUR L'ORIENT

PAR

## M. L'ABBÉ P. MARTIN

CHAP. DE S.t LOUIS-DES-FRANÇAIS

Sanabiles fecit nationes orbis terrarum.
SAP. I, 14.
Dieu fit guérissables les nations de la terre.

ROME
Imprimerie de la Civiltà Cattolica
1867

# PRÉFACE

L'attention de l'Europe est toujours fixée sur la Palestine, qui contient le tombeau de Notre Sauveur. La Chaldée, où fut placé le berceau de l'humanité, ne mérite-t-elle pas aussi d'inspirer quelque intérêt?

La Chaldée! Ce nom réveille-t-il, dans l'esprit des Européens, d'autres images que celles de ses évocateurs d'Esprits infernaux, si souvent anathématisés dans la Bible? Pourtant avec nous, on se trouvera en pays chrétien. Que dis-je? dans le pays, qui le premier sans doute adora le Christ Rédempteur! N'est-ce pas en effet, sur son horizon, que vint luire l'étoile miraculeuse à la naissance du Sauveur? Ne sont ce pas ses mages et ses rois qu'elle guida vers l'humble Bethléem? « ecce magi ab Oriente venerunt Ierosolymam dicen- « tes: . . . . vidimus stellam eius . . . et venimus ado- « rare eum. » (Math. II. v. 1-2.)

L'Abbé P. Martin

St. Louis-des-Français, 20 Octobre 1867.

# I.

# LA CHALDÉE ANTIQUE

# I.

## LA CHALDÉE ANTIQUE

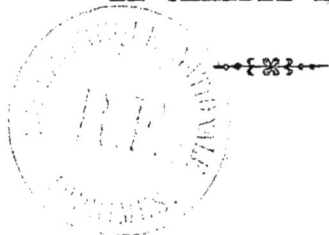

~•⋆{✿}⋆•~

Un des Pays les plus *historiques,* si on peut appliquer ce terme à une contrée, qui, après avoir joué le plus grand rôle dans les annales du monde, est cependant aujourd'hui des plus inconnues et des plus oubliées, c'est assurément la Chaldée !

Les sources de l'histoire, les plus sûres et les plus antiques, y placent deux fois le berceau de l'humanité. Créé par Dieu dans le voisinage ou dans le sein de la Chaldée, l'homme y renaît et s'y multiplie encore après les destructions diluviennes. Abraham y reçoit le jour, et plus tard sa glorieuse vocation. Ninus y fonde Ninive, l'impiété conjurée y bâtit Babel et ses somptueuses demeures ; les deux grandes cités qui personnifieront à jamais la puissance, l'orgueil, le faste, et les châtiments de la colère divine y assoient un empire qu'elles se ravissent ou se léguent tour à tour. Nabuchodonosor, Cambyse, Cyrus, Alexandre, Séleucus, Pompée y passent successivement, les uns pour fonder des empires, les autres pour en hériter, tous pour détruire l'œuvre des siècles et léguer à la dernière postérité le souvenir de leurs fastueux exploits, gravé sur les ruines des palais de leurs prédécesseurs éclipsés [1].

Tel est le passé de ce pays antique, oublié aujourd'hui comme les origines du monde; c'est à peine si le géographe le plus exact peut définir ses limites, et s'il n'est personne qui ne puisse parler en général de ces contrées lontaines, il en est au moins très-peu, qui puissent dire exactement ce qu'elles sont devenues à l'heure qu'il est.

Nous voudrions aujourd'hui raconter briévement, le rôle qu'elles ont joué depuis l'Ère Chrétienne, signaler les gloires qu'elles ont eues, redire leurs désastres, révéler un peu leurs infortunes, et faire entrevoir pour l'avenir quelques espérances, à des lecteurs qui ne sauraient rester indifférents aux progrès de l'humanité *dans* le Catholicisme et *par* lui!

En cherchant à atteindre ce but, nous ferons plus d'un emprunt à M<sup>r</sup> Adolphe d'Avril, qui a déjà si bien-mérité de la religion et de l'Orient, par une serie d'études sur les diverses branches séparées on réunies des Chrétientés Orientales.

---

1 Ce sont précisément ces grands drames de l'histoire qui intéressent le voyageur dans ces pays. « Ce qui fait pardessus tout le charme de mon Voyage, ce sont les grands souvenirs historiques, que je rencontre presque à chaque pas en traversant ces contrées, qui furent le berceau du genre humain, le siège des premiers et des plus grands empires. Aujourd'hui, ces régions fameuses, offrent généralement l'aspect de la désolation et de la misère. Des ruines, et puis des ruines; des hommes à demi-barbares, là où vécurent des peuples dont l'Ecriture nous a gardé l'histoire, et qui portèrent jusqu'aux dernières limites, le développement des arts et les raffinements du vice. »

(Année Dominicaine N. 48, Juin 1863. — Lettre du Rev<sup>d</sup> P. Tournel, Mésopotamie 22 N<sup>bre</sup> 1862.)

Sous le titre modeste d'*Etude sur la Chaldée Chrétienne* [1],
cet auteur de mérite a donné au public un ouvrage, trop peu
connu des chrétiens et des catholiques d'Europe, et nous
serions bien aises de le leur recommander, au moment où
l'Orient et l'Occident semblent à la veille de s'embrasser
dans une nouvelle et fraternelle union.

Les origines du christianisme en Chaldée y sont plutôt indiquées que racontées. Il n'eut pas été peut-être hors de propos de signaler les traditions des diverses Eglises orientales,
qui réclament toutes, au moins avec assez de vraissemblan-
ce, l'honneur d'avoir été fondées par quelque membre du
collège apostolique, ou par quelque disciple du Sauveur.

Les Chaldéens en particulier prétendent avoir été evangéli-
sés, par St. Thomas dans son passage aux Indes, et rattachent à St. Thaddée, un des soixante-douze disciples, la fondation de leur église patriarcale de Sélik ou Ctésiphon [2].
Beaucoup de raisons font révoquer en doute la fondation d'un
Patriarcat dès ces temps, dans toute l'étendue du terme ;

1 Etude sur la Chaldée Chrétienne, par le Baron Adolphe d'Avril. Paris
1864, Benjamin Duprat.

2 Ces traditions se trouvent consignées partout, dans les livres d'histoire, les offices, les collections de droit canon, etc. Voir p. e. *Ebed-Jésu Nomo-
Canon.* édité par le Card. Maï, Script. Vet. nova collect. t. X, p. 154, col. 2.
et p. 317, col. 1. « Babylone, dit-il, a obtenu le cinquième Patriarcat par
« honneur pour les trois apôtres qui ont évangélisé ce pays, c'est à dire par
« honneur pour Thomas, apôtre de l'Inde et de la Chine, Barthélémy ou
« Nathanaël apôtre des Arméniens, et Adée un des 72 disciples, Maître de
« Maris, d'Aghée et apôtre de la Mésopotamie et de toute la Perse. » Si c'é-
tait le lieu, nous ferions ressortir ici le magnifique éloge que le Nestorien
Ebed-Jésu fait de Rome et de St. Pierre, et cela peu de lignes avant le
passage que nous venons de citer.

mais, il n'y en a peut-être pas moins qui rendent, assez plausible, la fondation dans ces contrées d'une grande métropole, qui, dès le principe, dépendante du Siège d'Antioche, finit plus-tard par rompre les liens, qui l'y rattachaient, et s'arrogea les droits du Patriarcat.

Cette transformation remonterait au plus tard au IIIe siècle, s'il fallait s'en rapporter uniquement aux traditions de l'Eglise Chaldéenne, basées sur des pièces dout l'authenticité a été au moins révoquée en doute, si elle n'est pas suspecte [1].

Il n'est pas douteux cependant, que l'éloignement d'abord, et ensuite les susceptibilités mutuelles des Romains et des Perses, qui, à cette époque n'étaient jamais en paix, s'ils n'étaient pas toujours en guerre, n'aient diminué de très-bonne heure les rapports de la Chaldée avec l'Asie occidentale, affaibli les droits hiérarchiques à peine consolidés et préparé ainsi cette rupture, déplorable et définitive, qui éclata vers la fin du cinquième siècle.

Le IVe et le Ve siècle forment l'âge d'or de ces Chrétientés, toutes renfermées encore dans le giron de l'Eglise catholique. Les troubles occasionnés par les hérésies Gnostiques et Manichéennes avaient en grande partie disparu : la paix commençait enfin à poindre sur l'univers chrétien avec l'avènement du fils de Constance. Les Grégoire, les Basile, les Chrysostôme illustraient les Patriarcats d'Antioche et de Con-

---

1 C'est le jugement le plus modéré que nous puissions porter sur ces pièces. Assémani les a éditées avec des nôtes critiques (B. O. t. III, I.ª p. p. 57-59. Maï vol. cit. p. IX). « *Utramque Epistolam* occidentalium scilicet ad orientales, *demonstrat* (Assemanus) *spuriam et impia fraude confictam.* » Ce sont les paroles du Card. Maï. Cf. Epist. ibid. p. 169 et 323.

stantinople. S. Jacques de Nisibe [1] et S. Ephrem [2] évoquant la muse syrienne faisaient sortir l'Eglise Chaldéenne du long oubli où elle avait vécu jusqu'à ce jour. S. Maruthas [3], S. Isaac le Grand [4], S. Jacques de Sarug [5], S. Isaac de Ninive [6] recueillirent fidélement l'héritage de leur science et de leurs vertus, et soutinrent encore, pendant plus de deux siècles, la renommée de leurs prédécesseurs.

C'est à S. Ephrem qu'on doit sans doute, sinon la fondation, au moins l'accroissement de la célèbre académie d'Edesse, qui fournit tant d'Evêques aux églises syriennes, exerça tant d'influence sur la littérature de ces pays, mais qui, dévoyée, devint par la suite, surtout pour la Chaldée et la Perse, un foyer d'hérésie et de perdition.

Un jour en effet, l'univers catholique s'émut en entendant un moine Syrien, devenu Patriarche de Constantinople, émettre du haut de la chaire chrétienne des propositions inconnues aux Pères de l'Eglise [7]. La doctrine qui, par l'affirmation de la dualité des personnes dans le Verbe fait-chair, enlève à Marie le glorieux privilège de la maternité divine, ne trouva pas d'écho en Occident. Elle ne fit qu'y exciter la répulsion la plus caractérisée et n'y recueillit que des anathèmes.

[1] S. Jacques de Nisibe assista au Concile de Nicée et mourut en 343 (Assém. B. O. t. I, p. 17-18).

[2] S. Ephrem mourut au plus tard, en 378 (Assém. ibid. p. 84, nota I.)

[3] S. Maruthas mourut vers l'an. 415.

[4] S. Isaac le Grand mourut vers l'an. 460.

[5] S. Jacques de Sarug mourut vers l'an 528.

[6] S. Isaac de Ninive mourut vers l'an. 591.

[7] Nestorius avait commencé d'abord à faire répandre sa doctrine par un de ses prêtres, mais il fut bientôt obligé de se démasquer, et de se mettre lui-même en évidence.

Il n'en fut pas de même à Edesse! Nestorius trouva au sein de l'académie ses plus fermes soutiens. La jeunesse *universitaire* si on nous permet d'employer ce mot, qui est toujours hardie et disposée en faveur de ce qui est nouveau, se laissa facilement séduire, grâce surtout à la connivence d'Ibas, Evêque de cette ville, auteur de la célèbre lettre au Persan Maris, et traducteur des commentaires de Théodore de Mopsueste, si célèbre parmi les Nestoriens qu'ils l'ont surnommé l'*Interprète*, l'interprète par excellence. L'école d'Edesse réunissait alors l'élite de la jeunesse Syrienne, Persane, et Chaldéenne [1].

Les Conciles d'Ephèse (431) et de Chalcédoine (451) vinrent facilement à bout du Nestorianisme en Occident, ils n'obtinrent pas autant de succès en Mésopotamie et en Chaldée.

Ibas, revenu à de meilleurs sentiments tenta en vain de calmer l'audace effrénée de la jeunesse, qui puisait dans l'académie d'Edesse le venin de l'hérésie. Ses successeurs ne furent pas plus heureux dans leurs tentatives, et il fallut enfin que l'Evêque d'Edesse, Cyrus, et l'empereur Zénon fer-

---

1 A Theodoreto accepit Ibas qui praeter alias multas blasphemias quibus praefatos magistros suos admussim imitabatur, hanc etiam in quadam sua oratione adiecit inquiens : « Ego Ibas nequaquam invideo Christo, « qui Deus factus est. Nam appellatus est Deus cum homo esset mei similis, « eiusdemque mecum naturae... ab Iba accepit Maris... Ab eodem Iba post « Marim accepit Maro quidam Elita Presbyter Edessenus, qui in Edessena « persarum schola praeceptorem agebat. In illa autem schola commorabantur... Acacius... Barsaumas... » — Voilà qu'elle est la génération du Nestorianisme en orient (Assém. B. O. t. I, p. 350, lettre de Siméon de Beith-Arsam. Cf. p. 199 et sur le retour d'Ibas à l'orthodoxie, ibid. p. 202, 203).

massent l'école, pour bâtir sur ses ruines un temple à la Mère du Verbe [1].

Il en sortit une pléïade d'écoliers brillants, mais aigris par la persécution, qui regagnèrent leur patrie, en vomissant trés-probablement d'affreuses menaces contre l'occident. Ils ne devaient pas, hélas! tarder beaucoup a les realiser [2].

Rentrés dans la Perse et la Chaldée, ils devinrent bientôt les premiers pasteurs de grands diocèses et les Pères de la riche et féconde littérature nestorienne. Barsaumas, l'un d'eux, commença le schisme par faire décréter avec l'aide du Roi de Perse, l'abolition du célibat écclesiastique et le mariage du clergé. Il obtint, non seulement l'approbation du Catholicos [3] de Seleucie, Babuée Ier, mais il ne parait pas même avoir trouvé beaucoup de résistance dans le clergé et le peuple chaldéen, et c'est là un triste indice de la décadence hâtive de cette chrétienté jeune encore [4].

1 Voir sur les origines du Nestorianisme en Orient, les lettres de Siméon de Beith-Arsam (Asséman. B. O. t. I, p. 346-358. Spécialement p. 353, Cf. Chroniq. d'Edesse, ibid. p. 407).

2 Voici les noms des jeunes disciples de l'académie d'Edesse, qui soutenaient le Nestorianisme, et en furent chassés. *Acace, Barsaumas, Maanes, Abzotas, Jean de Garmach, Michée Dagon, Paul d'Huza, Abraham, Narsés et Ezélias*, ibid. p. 352.

3 On ne peut fixer au juste l'Epoque à la quelle les métropolitains de Ctésiphon prirent le nom de *Catholicos*, ou *Patriarche œcuménique d'Orient*, ni assigner le motif qui porta les Orientaux à adopter ce titre, conjointement avec les autres: *Patriarche de Seleucie, de Babylone, de l'Orient,* etc. Les Jacobites ont eux aussi donné quelquefois le même nom, à leur *métropolitain* ou *Maphrien de Tagrit* (B. O. t. III, p. 2, 619-621).

4 Barsaumas donna le premier l'exemple, il épousa une religieuse, et fit plus-tard assassiner le Métropolitain de Séleucie Babuée (✠ 485) (Assém. B. O. t. III, p. I, p. 66, 68, 378, 393, 394).

Tandis que les disciples de l'Ecole d'Edesse, devenus Princes de l'Eglise, rompaient ainsi avec le reste du monde catholique, l'un d'eux, Narsès sur-nommé le *lépreux,* poëte et écrivain célèbre, fondait l'école de Soba ou Nisibe, qui succéda à celle d'Edesse, et continua longtemps ses traditions. Cette académie devint et demeura longtemps florissante ; elle réunit dans son sein plusieurs centaines de disciples, choisis parmi ce que la Chaldée et la Perse avaient de plus remarquable et contribua ainsi beaucoup à perpétuer le schisme [1]. C'est dans cette école en effet que furent élevés pendant de long siècles, les Ecrivains, les Evêques et les Patriarches de l'église Nestorienne.

Le schisme Nestorien, dès longtemps préparé sans doute dans ce pays, par le manque de relations avec le centre de l'unité, était déjà définitivement consommé ; il ne lui fallait plus qu'un chef unique, pour donner à cette église quelque unité et séduire ainsi plus facilement les peuples, par une apparence trompeuse d'un corps doué d'une vie indépendante et autonome. Cette triste gloire échût à Acace, ancien disciple de l'école d'Edesse, compagnon de Barsaumas, et de Narsès. Il succéda a Babuée Ier et consomma le schisme, entrainé par les menaces de ses anciens amis.

L'Eglise Chaldéenne rompit dès lors toute relation avec l'Eglise d'Antioche ; elle vécut de sa propre vie, eût ses lois, ses coutumes, ses conciles, ses rites particuliers, et une liturgie, qui n'était pas dépourvue d'une certaine splendeur.

1 Mar-hanna originaire de l'Adiabène, enseignait dans cette académie d'une manière si brillante vers la fin du VIe siècle, qu'il vit 800 disciples se grouper autour de sa chaire (Assém. B. O. t. III, p. I, p. 81, 437).

L' existence de quelques centres d'orthodoxie, au milieu
de la Chaldée hérétique, est encore un problème que la science n'a point résolu d'une manière absolument affirmative [1],
Si quelque parties plus saines résistèrent dans le principe aux
envahissements du schisme et de l'hérésie, leur résistance ne
dût pas être de longue durée, et elles ne paraissent pas
avoir triomphé longtemps des conséquences de l'isolement,
toujours et partout, si funeste, mais surtout en religion.

Devenue Nestorienne et tombée sans retour sous la domination des Sassanides, la Chaldée eût encore à souffrir de
cette turbulente dynastie. S'il faut en croire cependant Bar-
Hébréus, plus connu en Europe sous le nom d'Abul-Pharage,
ce serait à l'instigation de Cosroës Anuchervan, que le
célèbre Catholicos Mar-Aba (✠ 552) aurait rétabli le célibat pour l'Episcopat Nestorien [2]. Le Nestorianisme Chaldéen
arrêté sur le penchant de sa décadence par cette mesure
disciplinaire, reprit un peu de vigueur et ne tomba pas tout

1 Nous avons nommé plus haut S. Isaac de Ninive auteur du VIᵉ siècle,
aurait-il vécu en Chaldée, ce fait seul ne pourrait trancher la question. Mais
ce saint personnage, se retira de bonne heure au désert de Scètes et y
termina sa vie.

2 Bar-Hébréus, a écrit dans la IIIᵉ partie de sa chronique la vie des
Catholicos ou Patriarches Nestoriens de Seleucie, avec celle des Maphriens
Jacobites ou métropolitains de Tagrit. C'est, avec Maris et Amru ben
Mathaï, le seul qui nous ait laissé une histoire suivie des Patriarches Nestoriens. Nous avons parcouru cet ouvrage et nous pouvons assurer que
ce serait rendre un vrai service aux lettres, et aux siences que de l'éditer. On peut voir dans le long chapitre qu'Assémani consacre à cet auteur,
au tome IIᵉ de sa Bibliothèque orientale, tous les avantages que les Catholiques peuvent tirer de l'étude de ses ouvrages. On y trouvera en même
temps le correctif nécessaire à ses erreurs.

à fait dans la stérilité et l'inaction. Plus les sectes séparées de l'Eglise emportent de vérités en la quittant, plus aussi elles participent à sa fecondité sans cependant l'atteindre jamais, car la fécondité qui s'étend à tous les points de l'espace et de la durée, est le privilège exclusif de l'Eglise catholique, qui seule a reçu des promesses de vie. On en est totalement convaincu lorsqu'on jette un coup d'oeil sur les sectes hérétiques, et en particulier sur la secte Nestorienne [1].

Du V⁰ au XIII⁰ siècle, la Chaldée Nestorienne fût illustrée par des écrivains nombreux et brillants, par des poètes, des historiens, des philosophes, des médecins, des astronomes, qui eurent quelque influence sur la littérature arabe elle même.

Quoique asservis par des puissances peu amies, par les Sassanides d'abord, et ensuite par les Khalifes musulmans dont la capitale, Bagdad, était située au cœur de leur pays, les Nestoriens résistèrent encore assez longtemps au principe destructeur, qui est inhérent à toutes les sectes et leur donne tôt ou tard la mort.

C'est dans les deux premiers siècles de cette longue période (VI–XIII siècles), que furent fondées en Chine, en Tarta-

1 Pour donner une idée de la puissance Nestorienne au X⁰-XII⁰ siècles, il suffira de dire que le patriarche comptait sous lui plus de 220 Evêques, dont plus de 20 étaient métropolitains. Assémani en énumère la plus grande partie (B. O. t. III, p. II. p. 414-502). Peu de pays chrétiens ont eu plus de couvents et de laures que la Chaldée Aux jours de sa splendeur, ils s'élevaient à plusieurs centaines. La carte qui accompagne cette étude indique les principaux. Nous dirons dans la seconde partie, comment la vie religieuse a été heureusement restaurée au milieu de la nation Chaldéenne, après en avoir totalement disparu.

rie, aux Indes, des Eglises dont il est souvent fait mention
dans les annales Nestoriennes, et dont les restes ont été re-
trouvés par les missionnaires Européens du XVIᵉ et XVIIᵉ
siècles.

A partir de la seconde moitié du XIVᵉ siècle, le Nestorianisme décline rapidement vers sa ruine. Les écrivains de quelque mérite disparaissent. Ebed-Jésu Métropolitain de Nisibe
et d'Arménie en clôt avec quelque éclat la longue série.

La simonie, qui avait atteint de bonne heure l'église Chaldéenne, augmente surtout à partir du XIVᵉ siècle. La dignité
patriarcale, si briguée autrefois, qu'elle etait fréquemment
vendue au plus offrant par les Khalifes, devient héréditaire
dans la même famille, et tombe souvent par là, dans des
mains incapables.

La chûte des dynasties Arabes, les invasions de Gengiskhan,
des Turcs Seldjoucides et de Tamerlan, entassent sur le sol
Chaldéen des ruines, que les guerres continuelles avec la Perse et les invasions des Kurdes féroces n'ont fait qu'accroître;
l'Eglise catholique pourra seule les faire disparaître.

La vie monastique qui avait fleuri de bonne heure sur le
sol de la Chaldée, où l'avaient transplantée Mar-Eughin et
Mar-Abraham, a presque disparu au milieu de tant de vicissitudes. Les écoles ont été fermées, les églises détruites, les
bibliothèques des couvents saccagées, les livres d'office, vraiment splendides quelquefois, ont été lacérés par les nombreux
Omar de l'Islamisme. De tant de laures qui couvraient autrefois les montagnes de la Chaldée, c'est à peine s'il reste
encore aujourd'hui deux ou trois couvents, presque abandon-
nés, et quelques pans de muraille sur des collines déser-

2

les, qui racontent au voyageur les souvenirs et les désastres du passé [1].

Au milieu de tant de vicissitudes le Nestorianisme respecta assez longtemps le trésor de la foi, et n'osa nier que le dogme de l'unité de personnes en N. S., et ses conséquences. Ce n'est pas en effet, aux anciens, qu'il faut attribuer les nombreuses erreurs, qu'on trouve actuellement parmi ces hérétiques, sur la confession auriculaire, le purgatoire, l'enfer, le culte des images etc. Elles sont d'une date excessivement récente et proviennent presque uniquement de leurs relations avec les protestants, qui ont établi depuis une trentaine d'années une mission à Ourmiah, sur les frontières de la Perse et de la Chaldée [2]. Avant l'arrivée de ces missionnaires Américains et Anglais, les Nestoriens retenaient encore assez fidèlement le Symbole que leur avaient légué leurs premiers fondateurs ; ils le répétaient depuis longtemps sans trop le comprendre, hélas ! et gardaient, grâce à leur profonde ignorance, peut-être le dépôt de la foi dans des formules liturgiques, susceptibles d'être étudiées un jour avec fruit par la science sacrée.

1 Il existe aujourd'hui peu de manuscrits dans la Chaldée. Ceux que le fer et le feu ont épargnés, ont été transportés en Europe. On ne cite guère qu'un seul Couvent dans le diocèse de Séert, dont la bibliothèque soit demeurée à peu près intacte. Elle a de la valeur. Ce couvent est dédié à St. Jacques le reclus ; *Mar Yakoub hebichaia.*

2 Nous avions sous les yeux, il y a peu de jours, une lettre du jeune Patriarche des Nestoriens où il reprochait aux Catholiques d'adorer les *images, et la Vierge....* Cette odieuse imputation sent évidemment le protestantisme, et il suffit d'ouvrir les liturgies nestoriennes, pour confondre ceux qui prétendent que ces hérétiques sont *Iconoclastes,* ou du moins pour montrer qu'ils ne l'étaient pas autrefois.

C'est surtout par l'intermédiaire de ces couvents, dont nous parlions tout à l'heure, que le flambeau de la foi fut transmis, sans trop pâlir, du Vᵉ au Xᵉ siècle. Chaque monastère contenait une école ; les moines, après en avoir été les disciples, devenaient des maîtres habiles, des écrivains quelquefois remarquables, qui fournissaient à l'Épiscopat Nestorien des recrues abondantes et toutes préparées. Dès le IXᵉ siècle cependant, le Patriarche Sabarjésus au retour d'une tournée pastorale, dans les divers pays où le Nestorianisme avait etabli sont empire, se plaignait amèrement de l'état déplorable, où étaient tombées les écoles jadis les plus florissantes, et traçait, des maîtres et des disciples, un tableau désolant que l'histoire nous a conservé. « Tous les bourgs, tous les villages que j'ai vus, dit-il, « manquent de clercs; les écoles de Mar-Thédore, de Mar-« Maris, de Mahuza, etc. ne contiennent plus, que quelques « vieillards débiles, quelques jeunes gens illéttrés, quel-« ques disciples, qui ne connaissent même pas le canti-« que du jour... des écoliers enfin dégoûtés de leurs maî-« tres et ayant pour les lettres, au moins autant d'hor-« reur qu'en a un malade pour la médecine la plus amè-« re [1]. » Il suffit de lire ce tableau, pour pressentir que les hordes asiatiques approchent, et vont bientôt fouler le sol de la Chaldée; le monachisme touche dès lors à son déclin, et les temps de la plus ténébreuse ignorance commencent à envahir l'horizon ; les ténèbres s'épaississent à mesure que les couvents tombent en ruine et la science religieuse perd son luminex éclat dans la même proportion. Aussi,

1 B. O. A. t. III, p. 1, p. 506-507.

voit-on qu'à partir du X$^e$ siècle, les erreurs se multiplient sur la *vision béatifique, sur les sacrements, sur la dissolubilité du mariage pour cause d'adultère* etc... Deux siècles plus-tard, une très-grand nombre de couvents n'existaient plus, comme cela se lit dans la vie de Jean de Mardin, qui chercha à en restaurer quelques uns. On, trouve toutes les erreurs, que nous venons de signaler, dans Ebed-Jésu lui-même, métropolitain de Nisibe et écrivain très-remarquable du XIV$^e$ siècle. « Tel est, dit Assémani, qui est le juge le « plus compétent en ces matières, le renom d'érudit, que les « correligionaires d'Ebed-Jésu ont fait à ce personnage, qu'il « passe, chez tous les Syriens, pour l'écrivain le plus élé- « gant qui ait paru, en prose comme en vers. Si ses écrits « n'étaient pas empreints de Nestorianisme, l'abondance et « l'éclat de son style, son érudition religieuse le feraient « comparer aux plus grands docteurs de l'Eglise Syrienne, « à St. Isaac, à St. Jacques, même à St. Ephrem [1]. »

Tel était l'état de la secte Nestorienne lorsque les évènements que nous mentionnerons bientôt, rétablirent l'union avec Rome au XVI$^e$ siècle. Les épaves que l'Eglise catholique arracha ainsi à un naufrage complet, n'offraient rien de brillant ; mais l'hérésie laisse-t-elle jamais après elle, autre chose que des trésors avariés et des ruines à faire disparaître ?

La décadence continuelle du Nestorianisme est dûe sans aucun doute à une foule de causes. La domination Musulmane plus terrible à elle seule que les guerres et les invasions les plus cruelles, le passage continuel et successif des hordes asia-

1 Assém. B. O. t. III, p. I, p. 325.

tiques, sur le sol Chaldéen, figurent sans doute au premier rang. Il ne serait pas inutile d'étudier l'influence qu'a eu chacune de ces causes. Nous ne voulons aujourd'hui fixer l'attention du lecteur, que sur l'une d'elles, plus générale que les autres, au moins en ce sens qu'elle les embrasse et les résume toutes, sous un certain aspect. Nous voulons parler de l'*isolement,* du manque de relations avec le centre de l'unité.

L'isolement forcé ou volontaire nourrit les préjugés par l'ignorance de la vérité, fortifie les divisions et amène les ruptures. C'est pourquoi le plus grand bien qui puisse arriver aux catholiques, aussi bien qu'à tous les hommes sans exception, dès qu'ils sont mûs par des principes honnêtes, c'est de se voir et de se connaître. L'appréciation des qualités mutuelles, qui naît des relations fréquentes, de l'échange des idées et des bons procédés, appelle insensiblement l'estime réciproque, étouffe les préjugés, et fournit à la vérité l'occasion et les moyens de se manifester dans tout son jour. A ce point de vue, l'Eglise n'a pas assez de bénédictions pour le progrès moderne, qui lui facilite son œuvre, et permet à tous les hommes bien intentionnés de se réunir d'une extrémité du monde à l'autre, pour travailler ensemble au triomphe de la vérité et de la Religion.

Il n'y a rien de bien neuf à relever les effets désastreux de l'isolement; mais il est certain que son influence est fatale à la vie des sociétés, dont on peut dire aussi : *vae soli* (malheur à l'isolé !), aussi bien qu'à celle des individus.

L'isolement a été tout spécialement funeste aux Chrétientés orientales. Celles qui avaient des points de contact avec la Méditerranée, ont conservé, même aux époques les plus calamiteuses de l'histoire, quelques relations avec l'Eglise catholique, et conséquemment des moyens de connaître la vérité en dissipant les erreurs nées de l'ignorance.

Tel ne fut point le cas pour l'Eglise Chaldéenne. Séparée du reste du monde civilisé, et en particulier de l'Europe catholique, par d'immenses déserts, elle n'a longtemps connu l'Eglise latine que par les malédictions et les anathèmes des premiers chefs de l'hérésie. Espérons que ce sera là auprès du souverain juge, une suffisante excuse pour tant d'âmes d'élite, mortes matériellement dans l'erreur! Que ce soit du moins, pour les lecteurs Européens des Annales de l'Asie, une raison qui les porte à la compassion et à *l'indulgence*!

Du VI<sup>e</sup> siècle aux Croisades, la Chaldée et l'Occident vécurent à part; à cette dernière époque, l'histoire fait mention de quelques voyageurs, qui à travers d'innombrables dangers, pénétrèrent jusqu'à ces contrées lointaines. Ils ne furent cependant pas bien nombreux. Plan Carpin, Guillaume de Rebruquis, Marco Polo, quelques religieux dominicains et franciscains, telles sont à peu près les seules personnes qui jusqu'au XVI<sup>e</sup> siècle, visitèrent la Chaldée. Tous ces voyageurs, et c'est un point qui mérite grande considération, tous ces voyageurs réussirent à établir un commencement d'union entre les Nestoriens et la Cour de Rome; seulement les relations furent encore interrompues, à plusieurs reprises, à cause du malheur des temps, qui rendaient les communications presque impossibles. Plusieurs Catholicos envoyèrent leur profession de foi aux Papes, notamment Jaballaha III en 1304. Elle fut agréée, et l'on ne voit point que les Catholicos ses successeurs, aient rompu ouvertement cette union déjà établie. Ce n'est toutefois, que vers le milieu du XVI<sup>e</sup> siècle, qu'on peut trouver une démarche solennelle, au moyen de la quelle la Chaldée rentra dans le sein de l'Eglise catholique, pour ne plus en sortir.

En 1551, à la mort de Siméon V, les Chaldéens humiliés de voir la dignité Patriarcale héréditaire dans une seule famille, dont souvent les membres étaient non seulement incapables, mais indignes de la remplir, recoururent partiellement à l'élection. Ils crurent aussi revenir à une coutume antique en envoyant l'élu se faire consacrer dans le pays *de Roum*. Chez les orientaux le mot *Roum* indique également les Grecs du Bas-Empire et les Romains véritables. Par une heureuse méprise, l'élu Jean Sulaka, Abbé de Raban-Hormuz, se rendit à Rome, où il reçut du Pape Jules III la consécration et la dignité patriarcale. Il revint en Chaldée, mais il fut traitreusement assassiné, quinze mois après son retour, par le Gouverneur de Diarbékir, sur les instigations de Siméon VI, le Patriarche Nestorien héréditaire [1].

Les successeurs de Sulaka persistèrent dans l'union quelque temps encore; mais après avoir transféré leur residence en Perse, ils retombèrent dans le schisme. C'est d'eux, que descendent les patriarches Nestoriens actuels, qui portent tous le nom de Simon et résident à Kotchannès, près du lac d'Ourmiah [2].

---

[1] Voir Assém. B. O. t. I, p. 523-534.

[2] Les antiques dynasties de l'Orient avaient un nom commun que portaient successivement tous les rois. En Egypte, c'étaient les Pharaons, chez les Parthes, les Arsaces; les individus ne se distinguaient que par le numéro d'ordre. Cet usage fut plus tard transporté dans l'Eglise orientale; nous en voyons ici des traces; tous les successeurs du 1er Patriarche Catholique c'est-à-dire de Soulaka, s'appellèrent Simon. Ceux qui composaient la 2e ligne, s'appelaient Elias I, II, III etc. Les membres de la 3e, enfin adoptèrent le nom Joseph I, II etc.

Peu d'années après la mort de Soulaka (✠ 1555) le Pape Gregoire XIII avait entamé des relations avec le successeur de Siméon VI. Elles aboutirent à une union qui donna à la Chaldée deux Patriarches orthodoxes. Elle fut malheureusement rompue comme la première et les successeurs d'Elias V retournèrent au schisme de 1660 à 1700. L'occident s'émut; mais il avait déjà songé à prévenir désormais de pareils désastres, en créant une des plus belles institutions qu'ait jamais imaginées, la tendresse maternelle de l'église. Aussi l'orient chrétien ne saurait avoir trop de reconnaissance envers Rome, qui fonda vers cette époque (1622) la Congrégation de la Propagande, et obvia, autant qu'il était possible, dans ce temps là, aux dangers que nous signalions tout-à-l'heure.

Il y avait bien sans aucun doute, même alors, des inconvénients à dépayser des enfants jeunes encore, et par conséquent peu, ou point du tout, initiés aux usages, aux mœurs, aux rites des pays qu'ils devaient plus-tard évangéliser, lorsque grandis dans la science et la piété, ils quitteraient Rome pour revenir dans leur patrie. Ces inconvénients n'échappaient sans doute pas à la vigilance des Pontifes Romains, mais on ne pouvait les éviter, et le bien qu'on réalisait ainsi, les contrebalançait amplement.

Aujourd'hui les temps sont changés; le soleil luit plus radieux sur les collines de la Mésopotamie, du Liban et de la Chaldée. Le moment ne serait-il pas venu de transformer légèrement cette admirable institution, éternel monument de l'amour et de la tendresse de Rome pour l'Orient? Cette transformation du reste, serait bien simple. Il suffirait, si je puis parler ainsi, de laisser tomber *l'école primaire*, pour ne conserver que le *séminaire* et la *maison* de *hautes études,* en n'y recevant plus que des jeunes gens suffissament instruits, dans les connaissances nécessaires à leur pays. On ne voit pas les Européens venir à Rome pour y apprendre l'*alphabet;* ils y viennent, pour se livrer à des études supérieures, pour suppléer à ce qu'ils ne trouveraient pas dans leurs propres foyers. Il semble que l'Orient devrait être dès-aujourd'hui traité sur le même pied, et peut-être même avec plus de raison qu'aucun autre pays; parceque les orientaux ne pourront jamais, comme les occidentaux, acquérir ou développer à Rome, la connaissance de leur langue liturgique, et de leurs rites; néammoins, cette connaissance est toujours la principale pour les membres du sacerdoce. La propagande a rendu en Orient d'immenses services à l'Eglise aussi bien qu'à la civilisation. Une plume qui voudrait retracer les annales de cette institution, n'y trouverait que des bienfaits à raconter et à louer! Un pareil ouvrage serait à la fois une des plus belles apologies qu'on puisse faire de l'Eglise Romaine, et une des preuves les plus palpables de la fausseté des sectes dissidentes, qui, loin de participer à la divine fécondité de l'immortelle épouse du Christ, s'étiolent encore aujourd'hui dans la stérilité et l'inaction, sans avoir jamais réussi dans des entreprises qui avaient pour but la diffusion du christianisme.

On ne tarda pas longtemps à appercevoir le bien que pouvait produire la grande et noble œuvre de la propagande. Par son intermédiaire, Rome engagea bientôt avec la Chaldée, des négociations dont le succès a été plus durable. A partir de cette époque, commence une troisième série de Patriarches, dont l'union avec Rome n'a jamais été interrompue jusqu'à nos jours. Joseph Ier, Evêque de Séleucie et

Ctésiphon, en fût le premier titulaire. Joseph II son successeur revit les livres liturgiques, qui ne sont peut-être pas encore exempts de toute empreinte Nestorienne.

Vers 1750 le Pape Benoît XIV confia aux dominicains la mission de Mossoul, cherchant à établir ainsi entre la Chaldée et Rome un trait d'union capable d'obvier aux dangers de l'isolement si funeste à ces pays lointains [1]. Les fils de S. Dominique avaient acquis quelque droit à occuper un poste si délicat et si important. Ils avaient presque toujours en effet servi d'intermédiaire, entre le St. Siège et les Orientaux, pour rétablir ou consolider l'union.

En 1781 le dernier descendant des Elias, Mar-Hanna se fit catholique, et mit fin par sa conversion à la seconde série des Patriarches Nestoriens. En 1830, après la mort de

---

1 Ces dangers de l'isolement, dont nous parlons, ont toujours été admirablement compris à Rome, qui a continuellement cherché les moyens de les supprimer, autant que possible, ou du moins d'en neutraliser les tristes effets. Qu'on nous permette de citer ici un trait que nous lisons dans les annales manuscrites des missions dominicaines. « Le père Léopold Soldini se trouvant à Amédéa et voyant l'obstination des hérétiques, que rien ne pouvait amener à se rendre à ses prédications, prit la détermination d'abandonner le champ et de revenir en Italie. Mais en ayant conçu quelque crainte, il écrivit au Pape, qui lui répondit: « Bien-aimé fils, quoique de votre personne vous n'arriviez à rien, pour le bien spirituel de ces pauvres peuples aveuglés par l'hérésie et sectateurs obstinés de leur inique législateur, nous ne permettrons pas votre retour pour ce seul motif; mais nous vous exhortons avec des entrailles paternelles à continuer à demeurer dans ces contrées, sans vous affliger nullement, si vous n'y faites aucun profit. Restez là où vous êtes in *Signum fidei!....* » « Quelle belle parole! Que de sens dans ces trois mots! »

(Relation ms. du p. Vincent Sapellani. Sur la mission de Mossoul p. 17-18).

Joseph VI (de la seconde série), il fût nommé seul Patriarche catholique, et mourut en 1838. La succession Patriarcale cessa définitivement alors d'être héréditaire. Le successeur immédiat de Mar-Hanna, fut le Propagandiste Isaie
de Jacoubbc, qui se démit en 1846 et laissa le siège à un
ancien moine de Raban-Hormuz, depuis quelque temps archevêque d'Amódéah. C'est le Patriarche actuel Mgr. Joseph
Audo, qui réside à Mossoul.

# II.

# LA CHALDÉE CONTEMPORAINE

# II.

## LA CHALDÉE CONTEMPORAINE

Les lecteurs, qui ont parcouru avec quelque intérêt, fut-ce d'une manière fort rapide, l'histoire de l'Eglise Chaldéenne jusqu'à nos jours, nous sauront gré, nous n'en doutons pas, de leur communiquer encore quelques détails sur la situation de la Chaldée Contemporaine ; pour satisfaire une curiosité si bienveillante, nous dirons en quelques pages, ce qui existe actuellement sur ce sol si boulversé, ce qui peut être espéré et réalisé dans l'avenir, dans un avenir même peu éloigné. Puissent ces quelques lignes que nous consacrons à ce pays, inspirer aux âmes d'élite, quelque sympathie pour les habitants de ces contrées lointaines !

Au point de vue politique, la Chaldée a été divisée, il y a quelques mois à peine, en deux grands Gouvernements, que les Turcs appellent Vizirat ou Mouchirat, et dont les deux titulaires resident à Bagdad ( 160 000 hab. ) et à Diarbékir ( 50 000 hab. ) [1]. Chaque Mouchirat est divisé en plusieurs

1 Les Deux Mots: *Vizirat, Mouchirat,* ont à peu près le même sens : quoiqu'ils dérivent de deux racines différentes ; dont l'une signifie *Porter,*

Pachaliks, et chaque Pachalik en plusieurs Kadahs ou districts, qui se rapprochent assez de nos cantons. Le Pachalik de Mossoul (50 000 hab.) est un des plus importants parmi ceux qui composent le Mouchirat de Bagdad [1]. Quelques personnes portent le chiffre de sa population jusqu'à un million d'habitants et peut-être plus. Nous ne voudrions pas garantir l'exactitude de ce chiffre, peut-être un peu exagéré, surtout dans un pays où le gouvernement n'a pas encore introduit le moindre moyen de publicité, même dans les plus grands centres !

Au point de vue Religieux, la Chaldée est gouvernée par un Patriarche catholique de rite Chaldéen, qui a sous sa juridiction onze Evêques ou Archevêques, si l'on compte les deux Evêchés établis en Perse pour les Chaldéens unis ; les neuf autres se trouvent dans la Turquie Orientale c'est à dire dans la Mésopotamie, la Chaldée proprement dite, l'Irak Arabi et la Médie [2].

et l'autre *Conseiller,* ils désignent, comme on le voit, une grande province, confiée à un personnage qui est admis dans les Conseils et les charges du Gouvernement.

1 Les Pachaliks du Mouchirat de Bagdad sont: Mossoul, Kerkouk, Ravanduz, Souleimaniah. Les Kadahs du Pachalik, de Mossoul, sont : Amédéah, Akra, Zibar, Davidiah, Mezuri (haut), Mezouri (bas), Bérouari, Alkosch, Zako, Dhok, Sindjar, Tel afar, nafcher.

2 Voici le nom de ces Evêchés et de leurs Titulaires: Mossoul 20,000 Cath. Mgr. Joseph Audo, Patriarche depuis 1848 ; Djézirah 10,000 Cath. Ev. Mgr. Paul Hindi, ancien Elève de la Propagande ; Séert 15 à 20,000 Cath. Ev. Mgr. Bar Tatar Elève aussi de la Prop. ; Diarbékir 2000 Cath. Ce siège est vacant par la mort de Mgr. de Natalis, décédé à Albano (Août 1867). Mgr. Abd. Jesu Khayat ancien Archev. d'Amédéah vient d'être envoyé par la Propagande comme administrateur dans ce Diocèse ; Mardyn 15,000 Cath. Ev. Mgr. Ignace Daschtob ; Zako 3,000 Cath. Ev. Mgr. Emmanuel Asmar;

La dignité Patriarcale, qui fut trop longtemps hélas! héréditaire dans la même famille, a fini par devenir élective. Le Patriarche est élu par le Clergé et l'Episcopat Chaldéen, et confirmé par le Souverain Pontife; il a aussi quelque besoin de la confirmation de la Sublime-Porte, dont il doit prendre le firman, parcequ'il est, dans une certaine mesure, le chef temporel de sa nation.

La population de la Chaldée est en grande partie musulmane, surtout dans les grandes villes; cela s'explique tout naturellement par le seul fait, que c'est la race conquérante et dominatrice. Cette population musulmane est composée d'éléments divers qu'elle a empruntés, durant le cours des siècles, aux sectes chrétiennes environnantes, surtout aux Jacobites et aux Nestoriens. Ce sont précisément ces recrues, qu'elle a trouvées dans les rang ennemis, qui l'ont arrêtée dans sa décadence et lui ont conservé jusqu'à nos jours la puissance dans ces pays lointains. On peut dès lors affirmer, que, par l'incorporation du rebut des sectes chrétiennes, les Musulmans ont pris au Christianisme ce qu'ils ont de plus vital, comme l'Islamisme lui même a emprunté à la Bible et à l'Evangile, les quelques préceptes raisonnables qui se trouvent dans le Coran.

Kerkuk. 4,000 Cath. Ev. Mgr. Jean Tamrès. L'Archev. d'Amédéah vient d'être réuni à celui d'Akra dans la personne de Mgr. Elie Milos. Ces deux Diocèses renferment 6,000 Cath. Tous ces évêchés sont dans la Mésopotamie ou le Kourdistan. Dans l'Irak Arabi, il y a le diocèse de Bassorah dont nous ne connaissons pas le titulaire. En Perse on compte les deux évêchés de Khosrova et de Séna, qui ont pour titulaires, Mgrs Augustin Bar-Schino propagandiste et Simon Sindjari.

Le manque de prêtres, l'oppression, les malheurs inséparables des guerres et des conquêtes, l'ignorance surtout,
ont amené, dans les trois ou quatre derniers siècles, des défections nombreuses parmi les Nestoriens, qui sont allés grossir ainsi les rangs des oppresseurs de leur patrie [1].

Pauvre Chaldée! Infortuné pays! quelle déchéance! Après
avoir été le siège des plus grands empires, la patrie de grands
Saints, un des plus beaux fleurons de l'Eglise catholique aux
premiers siècles de son histoire, elle est tombée aujourd'hui
sous la domination musulmane! Que dis-je, le démon lui
même a chez elle des autels, et son culte ignominieux n'est
point voilé sous la pompe et la décence du langage!

Le lecteur étonné nous pardonnera volontiers d'entrer ici
dans quelques détails sur les Yézidis, plus connus en Europe sous le nom de *Schamanistes* [2]. Outre que jamais au-

1 On n'a pour ainsi dire jamais pu entamer l'Islamisme jusqu'à ce
jour. Le fanatisme est encore tel aujourd'hui, que tout musulman, qui se
fait chrétien, est infailliblement voué au poignard et à la mort. Les ma-
hométans ne conçoivent pas qu'un vrai disciple du Coran puisse devenir
impunément disciple de l'Évangile. Ils ne se montrent pourtant pas si sévères, pour ceux qui sont passés récemment d'une secte chrétienne à l'Islamisme. Quelques uns de ces rénégats conservent encore des restes de
leur Christianisme antique. On nous disait dernièrement que la famille des
Abdalgélil, une des principales de Mossoul (surtout à la fin du dernier siècle), a longtemps conservée son tombeau dans une église aujourd'hui catholique, où ses membres étaient ensevelis, sans qu'on observât les rites
musulmans, et sans que leurs coréligionnaires accompagnassent le convoi.
Cette famille a, depuis quelques années, concédé son caveau aux RR. PP.
Dominicains. Le Père Lanza, dont nous parlerons plus bas, consacre à la
famille d'Abdalgélil de longues pages dans ses mémoires.

2 Nous donnerons plus tard l'Etymologie de ces deux mots et nous ju-
stifierons notre orthographe *Schamanistes* au lieu de *Samanistes,* qui est
peut-être plus répandue.

cun auteur n'a décrit minutieusement les mœurs de ces peu-
plades infortunées, elles empruntent pour nous, une certaine
actualité aux circonstances qui ont provoqué cet écrit. C'est
en effet, dans le diocèse d'Akra que se trouve le centre du
culte de ces sectaires ; c'est là que réside aussi leur Patriarche et leur Chéik suprême.

Presque tous les détails que nous allons donner au public
sur cette race dégradée, nous ont été fournis par une personne du pays, qui a vécu au milieu d'elle, en relations fréquentes, nous dirions presque intimes, avec le chef de cette
malheureuse secte.

Les *Yézidis* remontent aux temps les plus reculés, et se
rattachent au Manichéisme par des liens visibles encore ; ils
existaient peut-être avant lui. D'anciens auteurs en font
mention, et il n'est pas du tout improbable qu'on puisse un
jour, par une filiation assez évidente, les rattacher au dualis-
me persan de Zoroastre. Les *Yézidis* ou *Schamanistes* n'adorent pas seulement de faux Dieux ; ce n'est pas seulement
à des êtres créés qu'ils rendent leurs hommages, au soleil,
et aux diverses autres puissances de la nature ; les *Yézidis*
adorent le *diable,* et ils l'adorent, parcequ'il est le *principe du mal !*

Sous des voiles si transparents, quel œil serait assez aveu-
gle, pour ne pas reconnaître l'Arihman de Zoroastre, le principe du mal, le frère déshérité d'Ormuz, principe du bien,
que la superstition payenne mit en présence, égarée à la
fois, et par la difficulté d'expliquer le bien et le mal de
ce monde, et par les restes malheureusement trop confus
d'une révélation primitive, dont les vestiges ne suffisaient

plus pour guider sûrement l'esprit et la conscience des hommes [1]?

Les Yézidis reconnaissent toutefois, (et c'est là ce qui rend leur secte abominable et monstrueuse), « les Yézidis recon- « naissent » disons-nous, « un Dieu infiniment bon, infiniment « miséricordieux, supérieur à toutes les créatures quelles « qu'elles soient ; après tout, le diable n'est pour eux qu'un « ange déchu, mais voici le triste raisonnement sur lequel « ils appuient leur exécrable conduite. Dieu, disent-ils, est « infiniment bon, et dans son infinie bonté il est incapable « de faire du mal aux hommes : le diable au contraire, est « infiniment méchant, et dans sa malice, il ne se plait qu'à « les torturer et à les faire souffrir. Cela étant ainsi, il est « donc de toute prudence, si l'on veut être heureux ici-bas, « d'abandonner le culte de ce Dieu qui ne peut nuire, de « rechercher l'amitié et de se placer sous la protection spé- « ciale de l'être qui seul peut exempter les hommes des « maux de cette vie, puisque lui seul a le pouvoir de les « leur infliger [2]. » Satan, qu'ils adorent sous le *nom de Roi Souverain :* (Mélek el Kout, roi puissant), n'est donc pour eux, que le principe du mal vaincu par le principe du bien. Celui-ci doit régner un jour tranquille et heureux pendant mille ans, c'est-à-dire pendant une période indéfinie d'années, et de siècles, au bout desquels, la guerre rallumant ses feux

1 Voir sur cette Théogonie Persane, l'histoire d'Arménie, par Elisée. Venise 1852, pag. 41. C'est peut-être en abrégé ce qui existe de plus clair là-dessus.

2 *Année Dom.* Mai 1861, p. 137, lettre du R. P. Rose. Voir aussi Layard, qui, dans le chapitre VII<sup>e</sup> de son ouvrage : *Nineveh and its remains,* décrit la fête annuelle des Yézidis.

longtemps éteints, fournira au diable l'occasion de vaincre ou
de faire la paix, et dans les deux hypothèses ses adorateurs y trouveront leur profit.... [1] !

Sous le rapport politique, les Yézidis sont gouvernés par
un Emir suprême de leur secte, qui réside à Schiékan [2] (au
N. E. de Mossoul). Celui qui gouverne aujourd'hui, s'appelle
Hussein Bey ; son pouvoir est absolu en tout ; il peut user,
comme il veut, de toutes les femmes de ses sujets ; son épouse
légitime est toujours choisie néanmoins, parmi les princesses
filles des autres Emirs. Au moyen d'Emirs subalternes, il
transmet ses ordres à tous les Schamanistes répandus dans le
Kourdistan, la Médie, la Mésopotamie et les monts Sindjar.
Il est probable même que par des ramifications mystérieuses,
ses ordres parviennent aux extrémités les plus reculées de
l'Asie, et peut-être même de l'Europe.

Au point de vue religieux, qui intéresse spécialement nos
lecteurs, leur organisation, leurs rites, leurs pratiques de dévotion méritent de fixer l'attention du chrétien. On voit ici
comme aux Indes, au Mexique et partout, du reste, que le
diable n'est que « le singe de Dieu » suivant l'expression
pleine d'originalité d'un Père de l'Eglise. C'est un ange de
ténèbres, qui sait quelquefois se donner les apparences d'un
ange de lumières !

---

1 L'*Origine Persane* du Millénarisme comme de la plupart des rêveries
gnostiques, est aujourd'hui un fait acquis à l'histoire.

2 Schiékan n'est pas autre chose que l'Antique Beith-Adri, où fut en quelque sorte consommé le Schisme Nestorien. Barsaumas, Evêque de Nisibe, y
assembla un Concile et y fit décréter le mariage des Evêques aussi bien que
du reste du Clergé (Assém. B. O. t. III, p. I, p. 391-93).

Les Yézidis sont soumis à un *Chéik* ou Vénérable, leur chef spirituel, qui remplit les fonctions de Patriarche et de Pontife de la secte. Il réside au village d'Assoian et a sous sa dépendance des Chéiks particuliers, qui reçoivent, transmettent et exécutent ses ordres dans des districts plus ou moins étendus. Le *Chéik* Général exerce même politiquement une très-grande influence. C'est lui, en effet qui gouverne en quelque sorte tous les Schamanistes; il fait les lois, définit ce qui est bien, ce qui est mal, ce qui est permis, ce qui ne l'est pas, prescrit les jeûnes, les prières, etc... Les chéiks ne peuvent épouser que des filles de Chéik; celui qui prendrait pour épouse une femme du peuple, perdrait aussitôt son rang. La dignité de grand Chéik est héréditaire dans la même famille. Une couleur, un fruit, qu'il aura prohibés, deviennent aussitôt illicites, si illicites, qu'on ne saurait en faire usage, sans tomber sous le coup d'une espèce d'excommunication. Telle est même l'horreur qu'inspire ce qui est ainsi prohibé, que, pour exprimer une impossibilité, il suffit au peuple de la comparer à l'usage de l'objet tombé sous le coup de cette inhibition suprême.

Leurs croyances, leurs rites, leurs coutumes, leurs usages se transmettent uniquement par la tradition orale; l'écriture est pour les Schamanistes un objet d'abomination. Une seule famille dans toute la nation a le privilège de savoir lire, mais jusqu'ici on ignore dans quel livre elle exerce cette prérogative. Le temple, qui est aujourd'hui leur lieu de pélerinage le plus fameux, se trouve dans le petit village de Chéik-Adaï, non loin de Raban-Hormuz. C'était autrefois un couvent chrétien. Ce couvent avait été originairement dédié à Mar-Adaï, un des soixante et douze disciples de Notre Seigneur, qui passait pour avoir été un des premiers à évangéliser la Chaldée. Par la plus bizarre des transitions, Mar-Adaï fut identifié avec un *Vénérable* suprême, un homonyme peut-être, et maintenant, il est adoré en cet endroit comme Satan en personne, sous les titres de *Melek thaos, de Yazid, Roi Souverain (ou paon), Dieu même.* Les Schamanistes se rendent fréquemment en pélerinage à Chéik-Adaï ; si cela leur est impossible ou trop difficile, ils enfoncent une pierre dans le sol et dans la direction de ce temple, pour faire ensuite devant elle leurs dévotions, comme ils s'en acquiteraient dans le temple lui-même. C'est dans cet antique monastère qu'ils ont établi les religieux de leur secte, nommés *fakirs,* pour les quels ils ont un respect souverain, comme au reste pour tous les religieux indistinctement, n'importe à quelle religion ils appartiennent. Quand il leur arrive d'approcher des couvents chrétiens, ils n'y entrent qu'après avoir ôté leur chaussure et donné de nombreuses marques de vénération. Quoique enclins au pillage et à la férocité, ils ne touchent presque jamais aux religieux, ni à leurs propriétés, par suite de ce respect. A peine savent-ils qu'une chose leur a appartenu, qu'ils se hâtent de la leur rapporter.

Ces fakirs Schamanistes sont vêtus de blanc ; ils portent aussi un scapulaire noir emprunté peut-être, aux anciens moines nestoriens, et c'est pour eux, une faute presque irrémissible que de s'assessoir dessus. Revêtus de ce scapulaire ils sont, pour ainsi dire, inviolables ; nul ne peut ni n'ose toucher à leur personne, seraient-ils coupables des plus grands crimes ; mais une fois qu'ils l'ont quitté, comme cela leur arrive quelquefois pour le bain, etc. leurs enne-

mis peuvent impunément les rouer de coups, et même les
tuer sans courir danger d'être punis ou molestés. La tuni-
que des Yézidis a une forme toute particulière, qui les fait
reconnaître dans tout l'Orient. Au lieu d'être fendue par
devant, comme celle des autres Orientaux, elle est totalement fermée de haut en bas; on ne peut s'en revêtir qu'à
l'aide d'une ouverture pratiquée, par le haut, et assez large
pour laisser une partie du cou et des épaules à découvert.
Le peuple est aussi généralement vêtu de blanc, comme
ses religieux; la couleur bleue d'indigo, celle du ciel, lui
est interdite. L'horreur, que les Yézidis ont pour elle, va
si loin, que leur plus grande malédiction est de souhaiter à
leurs mortels ennemis, de mourir revêtus d'un habit bleu.
C'est cette couleur qui fait le fond de toutes leurs impré-
cations, et ils ne savent attirer leur propre tête un plus
grand malheur en cas de parjure, que de la voir couverte
de cette nuance. D'autre part, les édifices ainsi colorés sont
sacrés pour eux; ils n'osent y entrer, ils les entourent de
respect et ceux qui en franchissent le seuil sont excommu-
niés. Cette vénération et cette horreur rendent plus difficile l'explication, qu'on pourrait donner de ce singulier
trait de mœurs.

Une autre singularité digne de remarque, c'est l'horreur
que les Schamanistes ont encore pour la laitue. Ils prétendent, que le diable fatigué chercha un jour sous ses feuilles, hospitalité, ombrage et repos. La laitue entra dans
une sainte indignation et refusa de donner asile à une hôte
si méchant. Elle tint même depuis lors ses feuilles dres-
sées, dans l'état exactement où nous les voyons aujourd'hui.
Il n'en fallait pas davantage pour signaler cette plante à

la haine des adorateurs de Satan ! Ils la détestent et l'éxè-
crent à tel point, qu'ils ne veulent, ni la voir, ni en entendre parler, ni à plus fort raison l'employer dans l'usage commun de la vie. Cette horreur est connue du public ; aussi, lorsque les Yézidis passent dans les villes, les
gamins les poursuivent–ils *non pas à coups de pierre, mais
à coups de feuilles de laitue !*

Le cheval est pour eux, plus encore que pour les arabes, un animal noble, je dirais mieux, *sacré.* Quiconque
se permet de s'en servir pour des usages vulgaires, tels
que de porter des fardeaux, etc. tombe aussitôt sous le
coup de l'excomunication avec sa famille et tout ce qui lui
appartient.

Nous venons de parler d'excommunication, elle figure aussi
dans cette religion, comme dans toutes celles de l'Orient. On
peut s'en faire relever par la pénitence extérieure, le repen-
tir, des sacrifices pécuniaires, et autres œuvres du même
genre. Tous les Chéiks parcourent chaque année les districts
confiés à leur soins, pour encourager et instruire leurs fidèles ; dans cette occasion, le Grand Chéik distribue des amulet-
tes, etc., le plus souvent ce sont de simples boulettes for-
mées avec la poussière de Chéik–Adaï délayée dans un peu
d'eau. Le Chéiks emportent tous avec eux un coq de cuivre ;
c'est le symbole sous le quel ils adorent le diable ; aussi leurs
sectaires, se disputent–ils l'honneur de le loger sous leur
toit, honneur décerné d'ordinaire au plus offrant ! L'ancienne
Eglise du monastère de Chéik–Adaï contient aujourdhui plusieurs de ces coqs-idoles devant les quels on brûle inces-
samment une huile fétide, et des adorateurs superstitieux se
remplacent nuit et jour à leurs pieds. Chaque village des

Schamanistes du Kourdistan y est représenté par une pierre
sur laquelle on place de grosses mèches enflammées. Il est rare que les chrétiens parviennent à pénétrer dans ce temple,
quoique la communauté d'oppression et de souffrances ait
permis à certaines relations de s'établir, entre eux et les
*Schamanistes*. Nous ne pouvons nous empêcher de remarquer ici que *la pierre* joue un rôle important dans les rites
de ces derniers. Du reste, avec la *truelle*, et le *marteau* c'est
la chose la plus nécessaire aux maçons!

Ces malheureux sectaires, ont une souveraine horreur pour
la syllabe *Scha* et pour la lettre *Haïn*, qu'ils ne prononcent jamais eux-mêmes, et qu'ils ne permettent pas de prononcer impunément en leur présence. Ils ont banni de leur
*vocabulaire*, (si cette expression est juste pour un peuple
qui ne veut point de l'écriture), ils ont banni, disons nous
de leur vocabulaire, tous les mots qui contiennent cette syllabe, surtout le mot Satan ; c'est probablement à cette horreur *maniaque* pour la syllabe *Scha* qu'ils doivent le nom
de Schamanistes [1]. Les Schamanistes les plus superstitieux
croient qu'on ne peut prononcer le mot *Satan* (Scheïtan),
sans mourir aussitôt. On nous racontait à ce sujet, qu'une
pauvre femme du diocèse d'Amédéah, maltraitée par son
mari, résolut un jour de se donner la mort. Pour exécuter
son dessein, elle se retira dans une maison écartée, et là,
seule, au milieu des ruines, pleine de frayeur, elle commença
à murmurer à voix basse *Scha, Scha*. Etonnée de se trouver
encore en vie, elle cria de plus fort en plus fort *Scha, Scha*.

---

1 Les orientaux prononcent *Schatan* ou *Schéïtan* et voilà le motif qui
nous fait adopter l'orthographe Schamanistes au lieu de Samanistes.

Le Diable fit le sourd cette fois... Ainsi désabusée, cette malheureuse créature renonça à son culte infernal !

Quant au nom de Yézidis nous n'en connaissons pas sûrement l'étymologie: voici néanmoins ce que nous regardons comme plus probable. Dans un ouvrage écrit au IX<sup>e</sup> siècle, l'auteur Thomas évêque de Marga, parle en plusieurs endroits des adorateurs du diable qui existaient déjà dans son diocèse à cette époque. Il raconte au livre V<sup>e</sup> chap. 11 de l'histoire du monastère de Beith—habé que les habitants d'une ville nommée *Mukan* adoraient une idole du nom de *Yazad* ou *Yazdad,* sous la forme d'un chêne. Nous serions portés à reconnaître dans ces fétichistes, les ancêtres de nos Yézidis; si nos conjectures étaient fondées, le mot confirmerait leur origine persane. Dans cette langue le mot *Yazad* signifie Dieu [1].

« Il existe entre les Yézidis et les Musulmans une haine « implacable. Il n'y a pas longtemps encore, la loi permet- « tait aux Musulmans, de les tuer partout où ils les ren- « contraient, ce qui attirait inévitablement de terribles re- « présailles de leur part. Aussi, les Consuls Européens, té- « moins chaque jour de ces actes de barbarie, et ne sachant « comment empêcher l'effusion du sang, demandèrent à la « Porte, le droit de nationalité pour les Yézidis. Ils obtin-

---

1 Voir ms Syriaque 165. Bibl. Vatic. Un voyageur anglais, M<sup>r</sup> Layard, dans un chapitre de son ouvrage intitulé: *Niniveh and its remains,* cite un passage de la *Chronographie de Théophanes,* auteur grec du VII<sup>e</sup> siècle, où il est dit que l'empereur Héraclius établit ses campements près d'une ville nommée *Jesdem.* Le Major Rawlinson croit aussi avoir entendu prononcer ce nom dans l'Adiabène. On pourrait y voir la première demeure de nos Yézidis (Voir *Niniveh and its remains* chap. 8).

« rent pour eux la même protection, que pour les autres peu-
« ples de l'empire Ottoman.... si les massacres sont deve-
« nus moins fréquents, la haine qui sépare ces deux peuples,
« n'a rien perdu de sa rage et de sa fureur [1]. » Cette antipathie et cette haine à mort expliquent peut-être pourquoi
leurs pratiques religieuses se trouvent un peu bornées, au
moins en apparence, dans le Kurdistan. Ils sont, à juste titre, plus odieux, et plus persecutés, que ne l'ont jamais été
les chrétiens, sous la domination turque.

Ils ont chaque année trois jours de jeûne au moins et « une
« nuit qu'ils consacrent au roi des abîmes. Hommes, fem-
« mes, enfants, vieillards se réunissent autour d'un trou dont
« nul n'a mesuré la profondeur ; il se prolonge dans leur
« pensée jusque dans les enfers. Quand minuit arrive, ils
« saisissent des torches enflammées et exécutent des dan-
« ses infernales autour de la grotte ténébreuse, dans la-
« quelle ils jettent des moutons vivants, des morceaux de
« bois allumés, des vêtements, des armes, des pièces de mon-
« naie, le tout, pour en faire hommage au roi des damnés.
« Puis, la multitude en délire entre dans un noir souterrain,
« et là s'accomplissent d'abominables orgies [2]. »

Ce tableau est exact pour les *Yézidis* du Kourdistan,
comme pour ceux qui habitent, sous d'autres noms, des

1 *Année Dominic.* Mai 1861, p. 137.

2 Ibid. p. 138. « Chez les Yézidis toutes les passions, même les plus hon-
« teuses sont regardées comme sacrées, et vouloir en arrêter le cours serait
« se rendre coupable envers *celui* qui en est l'auteur et l'excitateur. Les
« mots pudeur, foi conjugale, n'ont pas de sens dans leur langue et n'éveil-
« lent aucune idée dans leur esprit » (Ibid.). Ces lignes sont peut-être un
peu forcées.

pays où ils jouissent d'une entière liberté. Quand ils le peuvent sans péril, ils recourent en effet, aux pratiques théurgiques les plus extraordinaires. Tout ce que la magie, la sorcellerie ont de plus étrange, de plus effrayant, disons le mot, de plus *diabolique,* constitue en quelque sorte, le fond, l'essence même de leur culte!

On élève à plusieurs centaines de mille, le chiffre de la population Schamaniste, dans le Kourdistan et la Mésopotamie; mais elle est bien plus considérable dans d'autres pays. Par les monts Caucase qu'elle a franchis, cette secte a pénétré en Russie, sur les bords de la mer Caspienne, et côtoyant les monts Altaï, elle est parvenue jusqu'au Kamtchatka, où les exilés Polonais l'ont vue pratiquer au grand jour, ses mystères infernaux. Les Schamanistes peuplent encore, sous un autre nom, l'occident de la Chine; l'Yémen en Arabie contient de ses affiliés, et l'on dit même, qu'ils ont des temples dans une des plus grandes capitales du Nord de l'Europe. Il n'est donc pas improbable, que la population Schamaniste répandue dans ces diverses contrées, atteigne le chiffre de plusieurs millions.

La nouveauté et l'étrangeté du sujet, nous feront pardonner, sans doute, cette digression sur les Yézidis. Nous aimons à croire même, que quelques âmes généreuses seront profondément émues, en apprenant que Lucifer compte plus d'adorateurs, dans la patrie d'Abraham et de Job, que le vrai Dieu lui même. Ces âmes d'élite attristées prieront le ciel pour ces populations si horriblement égarées, que le musulman déteste, abhorre, et massacre à cause de leur culte sacrilège; que le catholique doit au contraire, plaindre, et évangéliser, pour les gagner à l'Eglise et à Jé-

sus–Christ [1]. Puissent ces prières ne point demeurer stériles, et les Yézidis grossir bientôt, le nombre, malheureusement trop restreint, des chrétiens de la Chaldée ! Nous re-
venons à eux, pour ne plus désormais les perdre de vue.

Mgr. Amanton, avant–dernier délégué apostolique de ces
contrées, portait le nombre des catholiques de rite chaldéen
à 55,000. Une statistique, que nous avons sous les yeux,
et qui nous à été fournie, il y a peu de jours, élèverait ce
chiffre à 70,000 ; mais il ne peut être qu'aproximatif par la
raison que nous avons donnée plus haut. Cette population,
qui est l'espoir du catholicisme dans le centre de l'Asie, est
dispersée surtout dans les villages et les montagnes, peu-
plant une surface de terrain, presque aussi étendue que les
deux tiers de la France. Mossoul est la ville où ils se trouvent réunis en plus grand nombre, elle en contient pourtant tout au plus 10,000.

Le reste de la population est composée de 50,000 Jacobites et de 150,000 a 200,000 Nestoriens, établis surtout
dans les montagnes. Quelques grandes villes, plus populeu-
ses ou plus commerçantes, contiennent aussi un nombre considérable de Juifs, qui y vivent, comme partout, de trafic et
dans un état assez prospère. Les Nestoriens forment la partie
de la nation, qui est assurément la plus digne d'intérêt après
les catholiques, quoiqu'elle vive dans un état fort misérable.
Etablis dans des monts presqu' inaccessibles aux armées ré-

1 Les moines de Raban-Hormuz ont déjà acquis un ascendant marqué
sur les Yézidis ; ceux-ci reconnaissent, par des marques de fidélité et des
services matériels, le charitable accueil que les moines leur font, et les
protègent de toutes leurs forces, quand ils traversent leur territoire, dans
leurs excursions apostoliques.

gulières, les Nestoriens se trouvent continuellement exposés aux vexations des Kourdes musulmans, et à la rapacité des gouverneurs turcs. Ces hérétiques ont eu particulièrement à souffrir, de 1840 à 1848, des guerres entre la Sublime porte et un redoutable Emir Kourde, du nom de Béder-Khan, qui fit un affreux carnage de la tribu des Tiari.

Au point de vue spirituel, les Nestoriens sont gouvernés par un Patriarche qui réside a Kotchannès, sur les frontières de la Perse. C'est un bourg qui contient de vingt à trente maisons et se trouve à quatre heures de marche de Djoulamerk. Le site en est ravissant pendant l'été ; mais l'hiver y est long et rigoureux. La seule église, qui se trouve dans ce village, est petite et de construction assez moderne. Voilà à quel degré d'abjection est descendu le chef d'une chrétienté, qui comptait jadis plus de 200 Evèques suffragants dans les Indes, la Tartarie et même dans la Chine. La dignité patriarcale est héréditaire dans la même famille et on tache de l'y conserver, au moyen de certaines observances très-rigoureuses aux quelles on soumet la mère de l'enfant, qu'on destine à remplir une jour ce poste éminent, aussi bien que l'enfant lui-même. Ces observances consistent sur tout en jeûnes et abstinences très-sévères de poisson et de chair. Le Patriarche n'a plus que cinq ou six suffragants, qui ressemblent beaucoup plus à des chefs de brigands qu'à des pasteurs d'âmes [1]. Il n'est donc pas étonnant, que, sous

1 Voici le nom de ces Évêchés, dont nous ne connaissons pas les titulaires. Deux se trouvent en Turquie : à *Djéré-Atil*, et à *Chakh*. Les quatre autres sont en Perse : à *Ardécher*, à *Goytafa*, à *Ada* et à *Gavilan*. Le titulaire de ce dernier siège se fit protestant, il y a quelques années. La Hiérar-

leur conduite, ce malheureux débris d'une antique Eglise, à la fois schismatique et hérétique, soit tombé dans une ignorance encore plus profonde que le reste de la Chaldée. « Je ne puis, Messieurs, écrit une fille de St. Vincent de « Paul, terminer cette trop longue lettre, sans vous parler « de la profonde ignorance, dans la quelle sont plongés les « habitants de nos campagnes. Cela nous touche de compas- « sion. La plupart ignorent les choses les plus nécessaires au « salut. Nous voudrions être assez nombreuses pour aller « quelquefois dans les villages voisins catéchiser un peu ces « pauvres gens. Les femmes et les jeunes filles sont le plus « à plaindre, l'usage du pays ne leur permettant pas de pa- « raître, lorsque les missionnaires ou quelques catéchistes en- « voyés par eux parcourent les villages, pour y faire l'école. « Aussi arrive-t-il souvent parmi les Nestoriens, que dans une « famille, le père et les frères se font catholiques, tandis que « la mère et les filles restent dans l'erreur et l'hérésie [1]. » C'est donc là surtout, que les ouvriers evangéliques deve- nus plus nombreux trouveront des âmes faciles à sauver.

chie nestorienne comprenait autrefois neuf degrés : le *Catholicos* ou *Pa- triarche*, les *Métropolitains* ou *Archevêques*, lés *Evêques*, les *Chorévêques*, les *Prêtres*, les *Archidiacres*, les *Diacres*, les *Sous-Diacres*, les *Lecteurs*. Quel- ques uns de ces degrés ont dû être supprimés, dans l'état où vivent actuelle- ment ces malheureux peuples. *On nous disait aussi dernièrement que les Ne- storiens avaient aboli la confession auriculaire, pour ne pas en exposer le sceau à être violé, et qu'ils ne consacraient plus, par suite, la sainte Eucharistie pour les fidèles.* Nous n'osons nous faire garants de ces assertions, quoi- qu'elles n'aient rien d'improbable. Ceux qui désirent quelques détails de plus sur les Nestoriens, les trouveront dans l'intéressante étude du Baron Adolphe D'Avril : *La Chaldée chrétienne.* Paris 1864, Benjamin Duprat.

1 *Ecoles d'Orient, Janvier* 1863, p. 228.

Les Nestoriens ne présenteront pas en effet, une sérieuse résistance, du jour où de saints missionnaires iront s'établir au milieu d'eux. Le Père Marchi, des Frères-Prêcheurs, écrivait en 1852 : « Les conversions des Nestoriens devien-
« nent chaque jour plus nombreuses ; quoique le total en
« soit encore peu considérable.... Les plus forts se con-
« vertissent ; mais les plus faibles ne l'osent pas ; ils crai-
« gnent trop la vengeance de *Mar-Scimoun*, (c'est le nom
« que portent tous les Patriarches Nestoriens établis à Kot-
« channès), les railleries, le mépris et l'aversion de leurs
« propres frères, qui, par un sentiment de haine pour les
« convertis, ou devenus les instruments d'un clergé irrité,
« passent des menaces aux voies de fait, et chassent de
« leurs propres villages, les nouveaux catholiques, qui sont
« heureux de sauver leur vie par la fuite. » Le moyen le plus
sûr de les ramener à l'orthodoxie sera, de travailler à la conversion du Clergé. La nation suivra sans peine, comme partout ailleurs. « Les Orientaux, » ajoute encore le P. Marchi,
répondent aux missionnaires « Que Mar-Scimoun se fasse ca-
« tholique, nous nous ferons catholiques aussi ; mais, tant que
« notre Patriarche, nos Evêques, et nos Prêtres resteront ce
« qu'ils sont, nous ferons comme eux, parce que nous ne
« sommes ni meilleurs qu'eux, ni plus sages que nos Pères ».

Toutes les correspondances des missionnaires inspirent le désir de voir se fonder plusieurs autres missions parmi les Nestoriens. Les positions, qui semblent indiquées géographi-
quement, sont *Séert*, *Aschyta* et *Van*. Si quelque ordre re-
ligieux pouvait établir, dans les trois villes, que nous venons de nommer, quelques ouvriers apostoliques instruits et

4

zélés, on ne peut douter que leurs efforts, réunis à ceux
des autres missionnaires, ne ramenassent en peu d'années
au catholicisme tous les Nestoriens répandus dans les montagnes du Kourdistan. Ces hérétiques seraient alors entièrement
cernés ; au sud et au sud-est, par les Dominicains ; à l'est,
par les Lazaristes ; à l'ouest et au nord, par les nouvelles
missions. Deux choses surtout les retiennent hors de l'Eglise
catholique, *l'ignorance* et *le préjugé* ; ce qui permet de croire, que la présence de nos missionnaires Européens, en dissipant l'un et l'autre conduirait à des résultats considérables et satisfaisants. Nous ne doutons même pas que le
clergé et le Patriarche, ne finissent par donner eux-mêmes
le signal d'un retour, qui deviendrait dès lors général et
complet. On avait eu quelques espérances de convertir le
prédécesseur du Mar-Schémoun actuel ; mais cet espoir a été
déçu. « Mar-Scimun, patriarche des Nestoriens, écrivait en
« 1852 le P. Marchi, est un homme d'environ soixante ans,
« poli et affable avec les français, autant que le permet son
« éducation ; fier et despotique avec les siens, ambitieux et
« désireux de conserver et de perpétuer dans sa famille la
« dignité patriarcale ; il mourra nestorien, si je ne me trom-
« pe, bien qu'il ne soit point ennemi des catholiques, com-
« me il l'est des diverses sectes orientales et occidentales.
« L'intérêt de sa famille est l'obstacle insurmontable à sa
« conversion, parce qu'il comprend bien, que, s'il se faisait
« catholique, il ne pourrait pas perpétuer le patriarcat dans
« sa maison. Il fait élever avec soin, dans le célibat et
« l'abstinence de la viande et du poisson, deux de ses neveux
« qu'il tient en réserve pour que l'un ou l'autre puisse lui

« succéder [1]. Évêques et prêtres, clercs et peuple, tous trem-
« blent à son seul nom et lui obéissent aveuglément bien
« qu'à contre-cœur; la plupart même secoueraient volen-
« tiers son joug. Je ne désespère donc pas, Dieu aidant, de
« voir à sa mort un grand nombre de Nestoriens rentrer
« dans le sein de l'Eglise catholique, pourvu que les mis-
« sionnaires latins soient prudents et continuent à déraci-
« ner de plus en plus, de l'âme de ces pauvres gens, les
« antipathies, et les préventions contre les Francs, qu'ils ont
« héritées de leurs pères; pourvu encore, que, par un zèle
« malentendu, ils ne provoquent pas intempestivement leurs
« susceptibilités; qu'ils soient plus portés à les plaindre
« qu'à les mépriser; pourvu enfin, que, les délégués du
« St. Siège occupent le poste, où ils ont été placés, de ma-
« nière à le faire respecter et admirer [2]. »

On n'a pu malheureusement profiter de la mort du Patriarche, dont parle le R. P. Marchi. Un de ses neveux lui
a succédé jeune encore, et a hérité de toute sa puissance
sur les Nestoriens du Kourdistan. Nous avons fait plus haut
allusion à une de ses lettres, où il ne témoigne pas un grand
désir d'opérer son union avec l'Eglise Romaine. Ses relations avec les protestants ont un peu refroidi en effet, la
bienveillance qu'il témoignait aux catholiques, en appelant

1 Telles sont en effet, les conditions indispensables, pour pouvoir devenir un jour patriarche. La mère elle-même doit avoir été soumise au même régime, pendant qu'elle a nourri l'enfant destiné au Patriarcat. Ces conditions ont été probablement introduites dans le but d'assurer l'hérédité
de cette charge, dans la même famille. Voir *Adolphe d'Avril: Chaldée chrétienne* p. 16.

2 Relation ms. du R. P. Marchi 1852.

son attention sur certains évènements aussi peu capables de
l'édifier, que propres à aliéner son cœur. Nous apprenons,
au moment même où nous écrivons ces lignes que le patriarche Chaldéen se dispose, malgré ses soixante et dix-huit
ans, à se rendre auprès de ce pontife, dont la conversion
faciliterait ou amènerait inévitablement celle de tous les Nestoriens [1]. Si le succès ne couronne pas immédiatement ses
efforts, ce sera toujours une semence, qui finira plus-tard,
par porter des fruits, et il y a beaucoup de raisons d'éspérer
qu'ils ne se feront pas longtemps attendre. Pour montrer,
du reste, que ces espérances ne sont pas sans fondement,
nous citerons volontiers ici le R. P. Lion, préfet de la mission de Mossoul, qui conclut, dans les termes qu'on va lire,
la relation d'un voyage qu'il fit dans l'Arménie et le haut
Kourdistan, en 1865, à son retour d'Europe. Ce zélé missionnaire se rendit même jusqu'à Kotchannès, et Mar-Schémoun,
le jeune Patriarche actuel, lui offrit gracieusement l'hospitalité. « Rapprochant, dit-il ce que je venais de voir et d'en-
« tendre et ce que j'avais déjà appris de la bouche de Mr.
« Cluzel [2], des dispositions bienveillantes d'une partie des
« Nestoriens pour le catholicisme, je demandais à Dieu, si
« le temps de sa miséricorde n'était pas enfin venu pour ces

1 Nous corrigions déjà les épreuves de cette brochure, lorsqu'une lettre
est venue nous apprendre le départ du Patriarche Chaldéen pour les mon-
tagner du haut Kourdistan. Les efforts de Sa Grandeur ne sont pas demeurés stériles; dans une simple tournée pastorale, qu'elle a faite dans le diocèse d'Akra, elle a converti à la foi catholique le gros village de *Scharmin*
et lui a donné un prêtre. Mgr. le Patriarche écrivait (31 Août 1867) au moment de partir pour le diocèse d'Amédéah, d'où il voulait pousser une visite
à Kotchannès.

2 Préfet apostolique des missions lazaristes en Perse.

« chrétiens, bien plus coupables par ignorance que par ma-
« lice. Je le conjurais surtout, de ne pas les abandonner entre
« les mains des protestants, mais de nous confier l'honneur
« de les ramener dans son divin bercail. Me reportant en-
« suite à *Van et chez les Arméniens*, j'y laissais deux ou trois
« pères qui formaient un point d'appui sérieux pour la con-
« version des Arméniens schismatiques, aussi bien que pour
« celle des Nestoriens. Puis, je revenais fonder une secon-
« de résidence dans le cœur du Kourdistan, une troisième
« à Amadiah, *avec une école normale et un séminaire pour*
« *former à la fois des maîtres d'écoles et des prêtres, et je*
« *me disais qu'avec nos deux maisons de Mossoul et de Mar-*
« *Yakoub, nous aurions alors une des missions les plus in-*
« *téressantes et bien certainement des plus fécondes en peu*
« *d'années...*

« Que faudrait-il pour cela? Six ou huit religieux et quel-
« ques secours pécuniaires. Il faudrait surtout des hommes
« d'une foi et d'une santé robustes, car la vie est dure
« dans ces pays dénués de ressources, au milieu de ces mon-
« tagnes arides et de leurs habitants grossiers. Ils ne se
« nourrissent que de riz, de laitage et de fruits. Le fro-
« ment leur est presqu'inconnu, et ils n'ont pour faire leur
« pain que du millet et une autre graine à peu près sem-
« blable, mais un peu plus grosse, dont je n'ai pu savoir
« le nom [1]. » On est heureux de voir de si nobles désirs
formulés et émis par un homme, aussi compétent que le R.
P. Lion, préfet actuel de la mission dominicaine de Mossoul.

---

[1] *Année Dom.* Mars 1866, pag. 128-129. On trouve des détails analogues
dans plusieurs lettres des Lazaristes de la Perse, *Ecoles d'Orient*, Janv. 1863.

Puisse la province de France céder enfin à ses vives instances et faire encore de nouveaux efforts, de nouveaux sacrifices, pour recueillir une si abondante moisson! Si la multiplicité des œuvres à soutenir, si le nombre encore malheureusement beaucoup trop restreint des missionnaires Dominicains français, si d'autres besoins impérieux, qu'il faut satisfaire avant tout, arrêtent les généreux fils de saint Dominique, à qui toutes les contrées de l'Asie occidentale doivent tant, il est permis d'espérer, sans aucun doute, qu'ils susciteront d'autres apôtres, afin que travaillant d'un commun accord, à obtenir une même fin, la diffusion de la vérité chrétienne et la dilatation du règne de Jésus-Christ, ils puissent tous ensemble réaliser, le plustôt possible un bien immense et dès longtemps préparé par les fatigues, par les sueurs et même par le sang de leurs nobles et héroïques devanciers!

Tous ces ouvriers apostoliques trouveront de nombreux épis mûrs et prêts à être cueillis, même parmi les Jacobites, en attendant qu'une moisson générale achève de les réunir dans l'aire du divin père de famille. La conversion de cette secte procurerait à l'Eglise, dans ces contrées lointaines, des fils nombreux dont le niveau intellectuel et moral serait immédiatement supérieur à celui des disciples de Nestorius, parce qu'ils habitent, principalement, la Mésopotamie et l'Osrhoène, contrées moins délaissées et moins inconnues que les montagnes, jusqu'à ce jour peu visitées, du Kourdistan supérieur. Ils forment une des nombreuses sectes Eutychiennes, qui acquit une grande importance dans l'Orient chrétien, du VIe au XIIe siècle. Elle était alors très-répandue en Asie: chez les Syriens, chez les Arabes chrétiens et chez les Arméniens; en Afrique: chez les Coptes et les Ethiopiens. Elle prétend tirer son nom de l'apôtre St. Jacques, Evêque de Jérusalem; quelques uns veulent même remonter jusqu'au patriarche Jacob; mais, ils doivent, en réalité, leur appellation à Jacques *Baradée* ou *Zanzale*, évêque d'Edesse au VI<sup>e</sup> siècle (541-578), dont les efforts contribuèrent surtout, à propager au loin l'erreur embrassée par cette secte qui eût son centre, dans l'Osrhoène et la Mésopotamie.

Une longue dissertation suffirait à peine, pour expliquer, en quoi les erreurs de ces hérétiques se rapprochent, et en quoi, elles s'écartent des autres erreurs embrassées par les sectes *Monophysites*, qui admettent toutes originairement *une seule nature* dans le Verbe Incarné. Un des caractères les plus saillants de l'Eutychianisme est d'avoir engendré, en peu de temps et par voie de conséquence, de nombreuses ramifications qui tiraient leur nom, tontôt de l'erreur, qu'elles ajoutaient à leur dogme fondamental, comme les *Monothélites*: tantôt du coryphée, qui était leur fondateur, ou qui, du moins leur servait de point de ralliement, comme les *Jacobites*.

Toutes ces sectes avaient une organisation propre et particulière, quelquefois même un patriarche national. Les deux patriarcats Jacobites d'Antioche et d'Alexandrie sont célèbres entre tous. Bar-Hébréus, métropolitain de Tagrit, dans la seconde moitié du XIII<sup>e</sup> siècle, a écrit l'histoire du premier, dans la 2<sup>ème</sup> partie de son intéressante chronique. Ces sectaires n'ont aujourd'hui qu'un Patriarche qui réside au couvent de Zapharan près de Mardyn [1].

---

[1] Les Jacobites sont au nombre de 5 à 6,000, dans la ville de Mossoul. Ils possèdent aussi, non loin de là, le couvent de Mar Mathaï, si célèbre dans

Il y a une trentaine d'années, qu'un mouvement de retour assez prononcé s'était manifesté parmi les Jacobites, aussi bien que parmi les Nestoriens. L'apparition des Protestants méthodistes, qui ont établi une mission a Ourmiah dans la Perse, l'a ralenti notablement; mais il sera facile de rallumer cette première étincelle, qui n'est pas, du reste, complètement éteinte [1]. Les protestants n'ont pas opéré beaucoup de conversions, parmi les catholiques, ni même parmi les hérétiques, Jacobites ou Nestoriens. En dehors des Bibles, qu'ils ont généreusement répandues, ici, comme partout ailleurs, au moyen d'une imprimerie qu'ils ont fondée a Ourmiah, ils n'ont fait qu'empêcher un bien, qu'ils étaient eux-mêmes incapables de réaliser. Ils ont cherché à plusieurs reprises à s'établir à Mossoul; leur dernière apparition remonte à 1862; à cette époque, ils demandèrent aux catholiques une conférence, qui eût lieu en présence des Chaldéens orthodoxes, des Syriens, des Jacobites et des Musulmans eux-même. Mgr. Bar-tatar, élève de la Propagande et actuellement évêque de Séert, les confondit si bien, qu'ils n'eurent rien de plus pressé, que de quitter Mossoul, où ils n'ont plus osé reparaître depuis lors.

Les populations chrétiennes, et tout particulièrement les populations hétérodoxes de la Chaldée, ne connaissent le christianisme que par les rites, par ce qui parle aux sens

---

l'histoire politique et littéraire de ces pays ; mais, il est dans un état de ruine et d'abandon presque complet, quoiqu'il se trouve dans une contrée délicieuse et recherchée des Turcs pendant l'été.

1 Voir *Ecoles d'Orient* Janvier 1863, p. 228; et *l'Anneé Domin.* Janvier et Mars 1866.

et frappe leur imagination du reste très-vive. Les pompes du culte, les quelques splendeurs que les Chaldéens déploient, tout pauvres qu'ils sont, dans les cérémonies religieuses, les mélodies de leurs chants nationaux, de leurs hymnes antiques, dépositaires de leurs dogmes et de leur croyances, etc. voilà ce qui a conservé et conserve encore parmi eux, des sentiments d'une piété profonde, au sein de l'ignorance déplorable où ils vivent. On conçoit facilement dès lors, que le protestantisme n'ait pas beaucoup de chances de faire de nombreux prosélytes parmi ces races primitives, puisqu'il condamne et détruit tout ce qui, dans le culte chrétien, parle aux sens de l'homme, pour l'élever plus doucement de la terre aux cieux, de la matière à l'esprit. Les Nestoriens ont en particulier une horreur instinctive pour ce vandalisme religieux, qui fait la guerre *aux croix*, *aux jeûnes*, et à toutes *les cérémonies pieuses*. Il est arrivé plus d'une fois, que, par un zèle excessif et blâmable, ils ont chassé de leur pays, ces prédicants Américains et Anglais, en les menaçant même de la mort, s'ils osaient s'y représenter [1]. Ces faits, que nous signalons, sont propres à fortifier les espérances manifestées plus haut, et à faire entrevoir, dans un avenir assez rapproché, le moment où la Chaldée reprendra, définitivement et presqu'en entier, son rang parmi les nations catholiques.

Hâtons-nous de revenir maintenant aux Chaldéens-unis, qui nous intéressent tout spécialement. Nous ne les perdrons plus de vue. Les populations catholiques de la Chal-

---

1 Voir le récit d'un fait de ce genre, dans *l'Année Domin.* Mars 1866.

dée jouissent d'une position, un peu meilleure que celle des
sectateurs de Nestorius. Il n'y a pas longtemps encore cependant, qu'elles étaient soumises en grande partie à la domination kourde et par là aussi à ses vexations. Grâce à
l'intervention de la France, dont la politique fait, dans ces
pays, un bien considérable à la religion; grâce aux efforts
de l'Episcopat chaldéen lui même, les catholiques possèdent
actuellement une assez grande liberté. En élevant peu à
peu leur niveau intellectuel, cette liberté les rendra capables de recouvrer un jour leur antique grandeur.

Il ne faut pas s'étonner, si la Chaldée n'a pas encore
acquis cette aisance, cette richesse matérielle, qui permet
à un peuple de se procurer les institutions bienfaisantes,
au moyen desquelles, la vie des nations, surtout la vie intellectuelle et morale, se développe et grandit. Il ne faut
pas être supris non plus, si la Chaldée est pauvre, sans ressources, si elle a besoin d'être aidée par les peuples catholiques d'Europe. Jetons un coup d'œil sur son histoire; que
voyons-nous? des guerres, des invasions, et puis enfin une
oppression douze fois séculaire, qui est, à elle seule, un
épouvantable fléau! Jusqu'à ces dernières années, en effet,
les chrétiens étaient taillables et corvéables à merci. Les employés du gouvernement turc, dont l'avidité est devenue
proverbiale, exploitaient, de la manière la plus arbitraire et
la plus inique, l'ignorance du peuple, en le forçant à donner plusieurs fois, ce qu'il avait déjà payé, et lui extor-
quaient ainsi, jusqu'à la dernière obole. Un prélat de ces
pays nous racontait, il y a peu de jours encore, qu'il était
obligé d'aller payer lui-même les impôts de ses diocésains,

pour empêcher leur bonne foi d'être surprise, et les soustraire, par ce moyen, à la rapacité des Turcs [1].

On lira peut-être, avec intérêt, quelques lignes d'un voyageur, qui visitait ces pays lointains, il y a peu d'années
encore, et on verra que nous ne chargeons pas certainement
le tableau : « Un homme, dit notre auteur, demandait en
« se réveillant, le matin, à son domestique : Quel temps
« fait-il? — Monsieur, répond celui-ci, après avoir ouvert
« la fenêtre et regardé de hors, *il n'en fait point!* On peut en
« dire autant de la justice du gouvernement turc : Il n'y
« en a point. Le droit, la justice, la sécurité n'existent
« nulle part.

« Pacha, je vous apporte une bourse de cinquante mille
« piastres; elle est à vous, si votre excellence veut m'ac-
« corder, ce que je viens lui demander. — Pour qui me
« prends-tu? — Cinquante mille piastres vous dis-je! — Al-
« lah! Allah! pour qui me prends-tu? Va-t-en, laisse-moi.
« — Cent mille piastres! — Oh! tu m'en diras tant, donne.
« Que veux-tu que je fasse?... j'avais à peine mis le pied
« sur la terre d'Orient et chaque jour j'entendais une hi-
« stoire de ce genre. Des vautours, sous le nom de pa-
« chas, dévorent tout la substance du peuple, et ne lui
« laissent souvent, du produit de ces sueurs, que juste ce
« qu'il faut pour qu'il ne meure pas de faim. Si l'effendi
« (Bourgeois) vit modestement, on lui dit: « l'économie a
« dû t'enrichir; donne. » Et s'il mène grand train, on lui
« dit: « tu dois être riche, puisque tu dépenses; donne,

1 Voir *Année Dom.* Janvier 1866. Le R. P. Lion raconte, dans ce numéro, les vexations analogues auxquelles sont soumis les Nestoriens.

« donne. » Ce dilemme, véritable toile d'araignée tissée par
« le pacha ou le Kaïmacan (espèce d'officier militaire),
« est le grand code qui régit la répartition et la perception
« de l'impôt. Il en résulte que le Contribuable fait tout na-
« turellement ce raisonnement pratique et judicieux : « plus
« je récolte et plus le gouvernement me prend ; j'aime mieux
« prendre aussi. C'est plus facile et plus avantageux. » La
« rapine est donc la plus grande industrie des petits et des
« grands ; le faible, l'étranger, deviennent des ennemis que
« l'on peut voler en conscience. Son Excellence le pacha
« d'Alep, sous prétexte d'une réquisition pour le gouver-
« nement, avait fait consigner au sérail tous mes chevaux
« et mes mulets, la veille de mon départ, et ils ne m'ont
« été rendus, que sur une protestation en forme [1]. »

Si nous ne croyons pas le lecteur déjà suffisamment instruit sur ce sujet, nous pourrions multiplier les citations
de ce genre et de plus curieuses encore, quoique tout aussi vraies. Nous ne pouvons nous empêcher néammoins de
rapporter encore un trait ; nous le lisons dans une lettre
qu'on a bien voulu nous communiquer et qui remonte à
une dixaine d'années. A cette époque la France manifesta
l'intention de supprimer un consulat des plus importants
de l'Asie, surtout pour la Chaldée. Ce désir fut à peine
connu dans le public, que le pacha du lieu commença à
donner libre cours à sa haine fanatique. Heureusement,
pour les pauvres Chaldéens, la France retira son projet, et
le pacha ne pût que proférer d'inutiles menaces ; mais elles
montrent ce qu'il faut entendre par justice et équité mu-

[1] *Ann. Dom.* Juin 1863.

sulmane : « Notre pacha, dit l'auteur de cette lettre, sans
« attendre que le consul soit parti, donne carrière à toute
« sa haine fanatique contre les protégés de la France; en-
« tr'autres vexations envers les chrétiens, *Il exige l'impôt*
« *dont ses prédécesseurs avaient dégrevé les religieux de R.-H.*
« *et les gens attachés au consulat; il l'exige non seulement*
« *pour le présent et pour l'avenir, mais même pour le passé!* »
Il est impossible à une personne, tant soit peu honnête,
de lire de pareilles infamies, sans qu'elle sente son cœur
se révolter d'indignation à la vue de cette monstrueuse ini-
quité. C'est bien ce qu'on pourrait appeler : la *perception de*
*l'impôt à la turque!* Il n'est donc pas étonnant que ce malheureux pays offre l'aspect de la plus navrante désolation.
Ou rencontre sur sa route « des vallées d'une fertilité
« extraordinaire, mais presque partout, les bras manquent
« pour les cultiver. Ainsi se sont accomplies les prophéties :
« *la biche a enfanté dans un champ,* » dit Jérémie; « *elle*
« *a abandonné son faon, parcequ'il n'y avait pas d'herbe.*
« *Les onagres se sont arrêtés sur les lieux élevés, ils ont hu-*
« *mé l'air comme les dragons, mais leurs yeux se sont éteints,*
« *parcequ'il n'y avait pas d'herbe.* » Il semble qu'on de-
« vrait s'arrêter sur sa route, pour interroger tous les sou-
« venirs sacrés et profanes, que l'antiquité y a semés. Mais
« non; on se sent poussé en avant et l'on fuit la désolation
« dont ces lieux sont remplis; et l'on passe emportant dans
« son âme, je ne sais quelle profonde et amère tristesse,
« qu'on ne définit qu'en la nommant [1]. »

1 Le R. P. Tournel *Ann. Dom.* Juin 1863.

Le laboureur s'est fatigué d'ensemencer et d'arroser de
ses sueurs le champ, qu'il ne moissonnait pas pour lui-même; le désert a étendu et étend encore tous les jours ses
limites; la population est diminuée par l'émigration; et là
où elle a préféré à l'exil, la consolation de mourir au lieu
même où vécurent et moururent ses aïeux, elle est tombée
dans la plus profonde misère et dans une ignorance plus
profonde encore. C'est néammoins, un peuple où il y a de
la sève chrétienne, et grâce à elle aussi quelques unes de
ces vertus, que le christianisme seul voit éclore, et que seul,
il sait cultiver et développer. Doués d'une intelligence vive,
d'un esprit fin et fécond en ressources, de mœurs simples
et pures, pleins d'une véritable horreur pour le luxe, me-
nant une vie sobre et frugale non seulement par nécessité,
mais encore par goût, les Chaldéens sont, parmi les peuples
d'Orient, ceux qui reproduisent le plus fidèlement les traits
de la vie patriarcale, telle que nous la voyons décrite dans
la bible: « Ils ont en général une grande simplicité...;
« ils savent très-bien simplifier les conditions de l'existen-
« ce, et se passer de ces mille riens, qui tiennent ordinaire-
« ment une si grande place dans la vie des Européens. En-
« trez dans une de leurs maison, dans la maison d'un riche
« par exemple; vous n'y verrez ni lits, ni tables, ni chai-
« ses, ni fauteuils, rien en un mot, de ce qui chez nous,
« compose le mobilier ordinaire d'un appartement. Vous y
« trouverez seulement dans une grande salle, appelée *le di-
« van*, quelques nattes de paille, ou quelques tapis avec des
« coussins. C'est là que le maître de la maison reçoit les
« visiteurs, et leur offre, avec le café, le chibouk et le nar-

« ghuilé [1]. Le soir cette salle est transformée en dortoir, pour
« les membres de la famille, qui y dorment pêle-mêle sans
« quitter leurs vêtements ; le matin, au soleil levant, cha-
« cun plie sa couverture, et le dortoir redevient pour tout
« le monde le Divan. A cette simplicité d'ameublement déjà
« si remarquable, ajoutez encore une simplicité non moins
« grande pour tout ce qui a rapport à la nourriture. Les
« orientaux ont, en général, cela de bon, qu'ils ne vivent
« point pour manger, mais qu'ils mangent pour vivre [2]. »

Leurs mœurs et leurs coûtumes, sous beaucoup de rapports
plus sévères que les nôtres, leur interdisent souvent bien des
choses que nous considérons comme licites, innocentes, et
quelquefois même, comme nécessaires et indispensables. Joignons à tout cela, une naiveté de pensées et de sentiments,
qui rappelle l'antiquité et les siècles bibliques, un respect
souverain, un amour profond pour l'Eglise, son clergé, ses
lois, ses rites, ses usages, une inclination bien connue
pour l'hospitalité... telles sont les qualités remarquables,
qui exercent sur le missionnaire Européen cette influence
irrésistible, qui l'attache fortement au sol de l'orient, et ne
lui permet pas de s'en séparer sans tristesse, alors même, que les difficultés d'un ministère, quelquefois ingrat et
toujours pénible, viennent affliger profondément son âme et
blesser son cœur.

Nous venons de dépeindre le beau côté des mœurs chaldéennes ; il révèle un profond esprit chrétien, qui fait au-

1 Le Narghuilé n'est autre chose qu'un long chibouk dont le tuyau passe dans des cylindres et autres réservoirs d'eau réchauffée par le charbon
déposé dans la pipe. C'est surtout ainsi qu'on fume le tabac en Perse.

2 *Ann. Dom.* Décem. 1863.

gurer pour l'avenir les plus heureux résultats. Ce tableau
a néanmoins ses ombres et quelques unes le déparent.
L'étranger reconnait bientôt en effet, qu'il est en pays musulman, à certaines altérations dans la vie domestique et
sociale, qui trahissent l'influence de l'Islamisme. La femme
chrétienne est dépouillée elle-même en partie des droits, que
Dieu lui a donnés au foyer de la famille et au sein de la
société. La restitution de ces droits sera une des plus belles
et des plus fécondes restaurations que l'Europe catholique
puisse accomplir dans ces contrées lointaines de l'Orient.
« En France, écrivait un missionnaire, les femmes dispo-
« sent de la pluie, du soleil et du vent ; en Chaldée,
« elles ne disposent de rien, pas même de leur chétive per-
« personne... On les vend plutôt qu'on ne les marie. Leur
« autorité, leur part d'influence dans la famille, est à peu
« près nulle. *C'est en fondant des écoles, qu'on guérira cet-
« te plaie* [1]. » Les écoles, qu'on a établies depuis une ving-
taine d'années, ont déjà fait beaucoup de bien, parce qu'elles ont réveillé des traditions chrétiennes assoupies, au milieu d'un peuple malheureux, sur lequel la religion exerce encore un très-grand empire. Aussi trouve-t-on déjà, parmi
les chaldéennes, des exemples de vertu et de dévouement
bien dignes d'être proposés à l'imitation des femmes d'Europe. Les étrangers admirent et célèbrent leur modestie, leur
simplicité, leur indifférence pour le luxe, chose rare cependant parmi les femmes, et ne leur reprochent qu'un certain
goût pour le clinquant, que nous retrouvons du reste, dans

1 *Ann. Dom.* Juillet 1863, p. 296.

les pays où les mœurs sont et plus simples et plus primitives.

L'éducation de la femme a toujours été trop négligée en
Orient, surtout en face de l'Islamisme ; elle n'a pu lutter
contre la force des circonstances. En remédiant à cette ignorance, à ce délaissement, on pourrait espérer pour un avenir prochain les plus heureux résultats. Il serait désirable,
qu'on pût importer en Chaldée, quelques unes de ces congrégations de religieuses dont tout le monde reconnait et
publie les bienfaits parmi nous. Elles serviraient de modèle, donneraient l'initiative aux fondations indigènes du
même genre, déjà préparées depuis longtemps, et rétabli-
raient peu à peu l'équilibre rompu dans l'union conjugale.
D'ailleurs qui sait, si en rendant aux chrétiennes d'Asie,
tout ce que Dieu a réservé à la mère de famille, de dou-
ce et de salutaire influence sur la société, on ne por-
terait point ainsi, un coup décisif a la puissance ébranlée
d'une religion toute sensuelle ? Déjà, on constate une certaine bienveillance, en faveur de la Religion catholique
dans les pays musulmans où les religieuses d'Europe ont
pu pénétrer. « Tout dernièrement encore, écrivait une fille
« de la charité établie en Perse, les habitants d'un grand vil-
« lage, *moitié catholique, moitié musulman,* nous priaient en
« grâce de nous établir parmi eux: « *Venez-y donc avec vos*
« *écoles, et nous nous ferons tous catholiques,* » disaient ils.
Ces faits et d'autre du même genre montrent évidemment,
que la situation a changé, et qu'on a fait depuis quelque temps, un pas considérable vers un avenir meilleur.
« L'horizon s'est éclairci, écrit un missionnaire de la Chal-

« dée; l'établissement des religieuses d'Europe, qui eût été
« peut-être prématuré, il y a quelques années, devient au-
« jourd'hui non seulement *possible,* mais même *nécessaire,* si
« on peut compter sur la protection officielle de la France [1]. »
Cette protection, étant toujours assurée à toutes les tentatives, qui ont en Orient un but vraiment moral et civi-
lisateur, permet de penser aujourd'hui que la Chaldée ne
demeurera pas longtemps privée de quelques uns de ces ordres religieux, qui ont si bien mérité de l'humanité et de
l'Eglise. Le bien immense, qu'on procurerait ainsi à l'Orient
chrétien, donnera, sans doute, à quelque congrégation le courage nécessaire pour aller s'implanter dans des pays si lointains. Elle y aurait de nombreuses chances de succès [2].

Il reste encore beaucoup à dire, sur les mœurs chaldéennes. Si l'on entrait dans les détails, on reporterait
plus d'une fois les esprits vers un passé déjà lointain pour
l'Europe froide et rationaliste, vers un passé, qui parle
à l'imagination et émeut profondément les cœurs. On pein-
drait la foi naïve de ces peuples, trop naïve parfois peut-
être ; mais, cette foi ne vaut-elle pas mieux que le sce-
pticisme moderne, qui ne croit, ni aux saints, ni à la
mission de l'Eglise, ni à Dieu lui-même? Un dernier dé-
tail donnera une idée plus claire de ce qu'est devenue notre malheureuse Chaldée, en faisant mieux entrevoir l'abîme

1 Lett. ms. communiquée.

2 On nous disait, il y a peu de jours, que la Chaldée possédait déjà
une centaine de pieuses filles toutes prêtes à embrasser la vie religieuse.. L'Episcopat du pays n'a pu encore exaucer leurs désirs faute de ressources.

profond, où l'ont jetée plusieurs siècles de désastres et d'oppression. « Dans leur ignorance, raconte un voyageur, les
« catholiques chaldéens ne voient guère dans la religion
« qu'un ensemble de pratiques extérieures ; se frapper la
« poitrine, baiser les images et les objets de piété, voilà
« tout pour eux! Entrez dans une église, à quelque rite
« qu'elle appartienne, pendant n'importe quelle partie de
« l'office, vous apercevrez tous ces chrétiens, hommes,
« femmes, enfants, accroupis à terre, se frapper du poing
« la poitrine avec une énergie vraiment édifiante;... Je
« me souviens d'avoir rencontré, un jour, une pauvre fem-
« me prosternée devant une image représentant Notre-Sei-
« gneur au jardin des Olives. Elle baisait avec une dé-
« votion attendrissante et sans distinction aucune le visa-
« ge de Jésus, celui de Judas, et ceux de tous les sol-
« dats. Elle confondait dans sa dévotion et la victime et
« les bourreaux! Que voulez-vous? Elle n'en savait pas da-
« avntage [1]. »

On sourira peut-être en lisant ce dernier trait, mais à
côté de ce sourire, n'y aura-t-il pas, dans notre cœur, place pour la pitié et la sympathie? Ah! ne tournons pas en
dérision, la simplicité, la foi simple, ignorante, superstitieu-
se, si l'on veut, de ces peuples infortunés! Volons au secours
de ces malheureux frères d'Asie; tirons-les de leur ignorance, en les arrachant à la misère qui en est une si grande
cause. La pauvreté des Chaldéens, surtout de ceux qui habitent les diocèses des montagnes et le pays des Kourdes,

[1] Année Domin. Juillet 1862.

est telle, qu'ils ne peuvent, malgré leur bonne volonté, suffire
par eux-mêmes à la décence du culte. Nous recommandons
aux personnes, qui aiment vraiment Notre-Seigneur, la lecture
des lignes suivantes du R. P. Marchi: « Si je vous faisais un
« tableau exact des temples de ce pays, de leurs ornements
« sacrés, on refuserait de me croire. Excepté un très-petit
« nombre d'églises, dans les villages les plus riches de la plai-
« ne, bâties depuis peu sur le modèle des nôtres, *il n'y en a*
« *que d'anciennes, qui ressemblent plus à des écuries qu'à des*
« *lieux de prière.* Les chasubles et les chapes, car ces dernières
« sont plus en usage chez les Syriens et les Chaldéens, pour
« la célébration de la messe, sont faites d'un *morceau de mous-*
« *seline mal taillée, d'une vilaine couleur, sans galons, sans*
« *ornements d'aucune sorte, et n'ont pas la moindre durée.*
« *Les aubes, les corporaux, les nappes d'autel, les purificatoi-*
« *res etc. sont tous de couleur et dans un état misérable* [1]. »

Le R. P. Marchi écrivait ces lignes en 1852. Depuis lors,
la situation matérielle des églises ne paraît pas s'être beaucoup améliorée. Mgr. l'archevêque d'Akra et d'Amédéah nous
a plusieurs fois raconté des détails du même genre, en nous
parlant de son diocèse. Pour entrer dans sa *cathédrale* d'Akra,
il *faut se traîner sur les genoux*, tant la porte en est basse,
afin d'empêcher les Kourdes d'y introduire des animaux im-
mondes. Quel évêque d'Europe voudrait d'une semblable *ca-*
*thédrale*, même pour le plus pauvre de ses hameaux? Il faut
bien dire cependant, que le diocèse d'Akra, un des derniers
convertis à la foi orthodoxe, est le plus pauvre et le plus dé-

1 Rel. ms. au Rᵐᵉ P. Jandel.

laissé. « Akra et Zébar, dit Mgr. Joseph Audo, dans une
« lettre qu'on nous a communiquée, sont privés de tout, d'é-
« glises, d'écoles, de prêtres et de résidences pour eux etc...
« Les vingt villages, qui composent ce diocèse, sont soumis
« aux Kourdes, qui persécutent encore aujourd'hui ces mal-
« heureuses populations chrétiennes [1]. S'il y avait un clergé
« instruit, tous les Nestoriens, qui les avoisinent, seraient ra-
« menés à la foi orthodoxe en peu d'années. On peut en
« dire autant du diocèse d'Amédéah, qui a bien cependant
« quelques églises; mais elles ne suffisent pas à la population,
« qui ne peut toutefois, subvenir aux dépenses, qu'exige l'é-
« rection de nouveaux temples chrétiens [2]. » Pour compléter

[1] La dénomination de Kourdes s'étend à toutes les populations, qui habitent le pays de montagnes, borné au Sud et à l'Ouest, par le Tigre; à
l'Est par la Perse; au Nord par le lac de Van et l'Arménie; mais elle s'applique tout particulièrement à celles de ces races, qui professent l'Islamisme, et ont toujours été fort célèbres par leurs moeurs féroces et par leur
inclination au pillage. Elles ont joui jusqu'à ces derniers temps d'une indépendance presque absolue, moyennant un tribut annuel qu'elles payaient
à la Porte Ottomane. Un de leurs émirs nommé Béder Khan, ayant établi,
en 1840, une espèce de fédération entre les diverses tribus Kourdes, commença contre les Nestoriens une guerre d'extermination, qui provoqua
une rupture entre lui et le gouvernement turc. Osman-Pacha fut envoyé,
pour le combattre en 1847, et l'obligea à rendre les armes après une lutte
des plus acharnées. Béder-Khan se retira à Candie, où il vivait encore, il
n'y a pas longtemps, si tant est qu'il soit mort à l'instant où nous écrivons (voir *la Chaldée chrétienne* p. 57 et suivantes).

[2] Lett. ms. du Patri. Mgr. Joseph Audo. L'ancien diocèse de *Marga* est
compris aujourd'hui dans l'Archidiocèse d'Akra. C'était autrefois un des
plus florissants de la Chaldée, comme on le voit par l'histoire du Monastère de Beith-Habé, dont l'emplacement se trouve à côté de la ville d'Akra

l'idée qu'il faut se faire des églises chaldéennes, nous devons ajouter un trait qui achève le tableau et qui mérite
mention, c'est que dans tout le diocèse d'Akra, *il n'y a que
deux chandeliers en bois*!!... On peut juger par là du reste;
et cependant, Dieu trouve dans ces malheureuses et lointaines
contrées, des âmes qui le servent et qui l'aiment, souvent
beaucoup plus, hélas! qu'elles ne le connaissent.

Nous avons parlé des chrétiens, de leurs mœurs, de leur
foi, de leurs temples, etc..., Nous ne pouvons oublier les pasteurs, le sacerdoce enfin, qui, dans tous les pays, où Dieu
compte de vrais adorateurs, doit être le sel de la terre et la
lumière des peuples. Il n'est pas de chrétien, et surtout pas de
catholique, qui ne doive s'intéresser vivement à cette partie de
la nation chaldéenne, puisque, c'est en elle que réside évidemment l'espoir de ces pays si rudement éprouvés, et par elle
qu'on peut juger des chances de restauration prochaine qu'ils
peuvent offrir, Ce que nous dirons du clergé, de ses mœurs,
de son éducation, de la vie monastique, sera sans doute ac-
cueilli avec intérêt par tous ceux qui désirent la grandeur et
la prospérité des nations catholiques.

Ce qui frappe tout d'abord, c'est que le clergé chaldéen
n'est pas aussi nombreux que le demanderaient les besoins
des fidèles, répandus sur une surface de pays considérable et
dispersés au milieu des Musulmans, des Jacobites, des Nestoriens, des Yézidis et des Kourdes. D'après la statistique, que

elle-même. Il ne reste plus que de misérables ruines d'un couvent si fameux; elles servent d'aire à battre le grain. Le diocèse contenait jadis un
grand nombre de florissantes écoles; actuellement, il n'y en a pas une
seule !

nous avons sous les yeux, et que le lecteur peut voir en note, le nombre des prêtres et évêques chaldéens-unis, ne s'élève pas au chiffre de cent-cinquante [1]. Ce serait sans doute un clergé suffisant pour soixante-dix ou quatre-vingt mille catholiques réunis ensemble, mais ils sont loin de l'être. Il y a des Chaldéens à Bassorah et à Bagdad, et il s'en trouve encore à Mardyn, deux points fort éloignés l'un de l'autre. D'ailleurs, les fils de la véritable Église ne peuvent oublier, que leur mission est de convertir les âmes, de ramener les hérétiques au divin bercail, qu'ils ont abandonné, et, à ce point de vue, la moisson est aussi grande en Chaldée que les ouvriers sont peu nombreux. Que d'œuvres il y aurait à fonder, ou du moins à restaurer en vue des Jacobites et des Nestoriens! Si on pouvait leur donner de bons prêtres, des prêtres instruits et pieux, tous ces sectaires auraient complètement disparu, en peu d'années. Il suffit de bien sentir le bonheur qu'on a d'être dans la vraie religion, pour comprendre l'ineffable dou-

---

[1] Voici à peu près l'état du Clergé Chaldéen en 1867 : Diocèse de Mossoul, trente prêtres, dont huit à Mossoul même; six dans la paroisse de Marth Meskyntha, et deux dans celle de Mar Jeschouah. . . . . . » 30

| | |
|---|---|
| Diocèse de Diarbékir ; rêtres | » 6 |
| de Mardyn. | » 2 |
| de Séert | » 20 |
| de Djézirah | » 15 |
| de Zako. | » 12 |
| d'Amédéah | » 10 |
| d'Akra. | » 10 |
| de Kerkouk | » 10 |
| Si on ajoute les Evêques au nombre de | » 11 |
| Puis les religieux prêtres. | » 10 |

On obtient, pour la Chaldée proprement dite, le total: **136**

leur que doit éprouver un évêque, quand il ne peut donner à
des schismatiques désireux de se convertir, le pasteur qu'ils
lui demandent, quand il ne peut lui-même voler au secours
des âmes qui périssent, ou qui du moins sont en danger im-
minent de périr pour toujours. C'est là cependant, ce qui arrive trop souvent, en Chaldée, comme le disait récemment
un prélat, dont le siège se trouve au milieu des Nestoriens.
Aussi, tous les hommes, qui ont passé dans ce pays, ou
pour l'évangéliser ou pour l'administrer, reconnaissent-ils et
proclament-ils d'un commun accord, qu'un de ses premiers
besoins *est la formation sérieuse d'un clergé nombreux, et
éclairé, qui, par sa piété, son zèle et son dévouement à
l'Église, puisse répondre à la grandeur de sa noble mission,*
c'est-à-dire travailler efficacement à la restauration de cette
antique et florissante chrétienté.

Il faut bien le reconnaître; le clergé chaldéen actuel n'est
pas encore tout à fait à la hauteur du rôle sublime de semeur de la vérité et de sauveur des âmes. Il a partagé jusqu'à ce jour, comme c'est le devoir de tout clergé catholique, les malheurs, la misère et l'oppression des peuples
qu'il évangélise. Il vit à l'heure qu'il est, d'une vie pré-
caire, au moyen d'aumônes ou de dîmes; il dirige des écoles, et quelquefois même, la nécesssité le force à recourir
à d'autres expédients. Un évêque racontait un jour, les
larmes aux yeux, qu'en arrivant dans son diocèse, il y
avait trouvé un pauvre prêtre, tout cassé par les fatigues et
les années, encore esclave d'un kourde. « *Mon maître*, dit-il
à Sa Grandeur, *n'a pu me vendre, l'an dernier, plus de six
francs, je suis vieux maintenant, c'est-à-dire bon à rien!* »
Grâce à Dieu et à la France, cette situation se transforme

déjà et s'améliore de jour en jour, mais, il n'est pas difficile de
concevoir le peu d'influence que pouvait acquérir un clergé,
parmi lequel il se rencontrait des membres semblables à
celui, dont nous venons de parler. Hâtons-nous de dire cependant, que l'esprit chrétien est si profondément enraciné
dans le peuple chaldéen, qu'il aime et respecte, celui qui
la veille conduisait la charrue et qu'il voit le lendemain à
l'autel. « *Abouna, notre père !* », lui disent les paysans, ses
compagnons d'hier, et en disant ce mot, ils s'inclinent pour
recevoir sa bénédiction et lui baiser la main ! Il ne faut
donc pas s'étonner, en face d'une pareille situation, si « les
« prêtres du pays, surtout dans les campagnes, à part quel-
« ques rares élèves de la propagande. n'ont guère plus de
« science que le reste des fidèles…. Quand un curé vient
« à mourir, on choisit dans le village un individu quel-
« conque, même un père de famille, quel que soit son mé-
« tier, on lui enjoint de se préparer au sacerdoce, et dès
« qu'il sait assez lire pour pouvoir célébrer la sainte messe,
« on l'ordonne. En quelques jours donc, un prêtre, ce gui-
« de des consciences, est improvisé. A la mort du curé de
« Mar-Yakoub, petit village du Kourdistan, on choisit, pour
« succéder au prêtre défunt, le teinturier du pays. C'était,
« sans doute, un bon père de famille, mais son ignorance
« était des plus crasses [1]. » Nous laissons au lecteur à juger par lui-même, de ce que doit être un clergé peu nombreux, élevé dans des conditions aussi défavorables; non seulement, au point de vue de ce qui s'appelle, science, beaux-

1 *Année Domin.* Juillet 1862, p. 126.

arts, culture d'esprit , mais surtout et avant tout, au point de
vue de la foi et de la piété.

Pendant de longues années , la Chaldée posséda seulement
quelques écoles dirigées par les moines de Raban-Hormuz.
Par suite de l'initiative des Pères dominicains de Mossoul,
avec quelques ressources venues d'Europe, on a pu en fonder un plus grand nombre durant ces derniers temps. Elles ne s'élèvent pas néammoins au chiffre de quarante, et contiennent au plus de deux à trois mille élèves [1]. On y apprend à lire et à écrire, ce qui est beaucoup certainement
pour un pays où, il y a trente ans, une femme qui savait
lire passait pour un prodige. Mais, cela suffit-il pour créer
un clergé *pieux, zélé, instruit,* pour créer enfin un clergé
capable de régénérer ce peuple? Evidemment non !... Aussi
tous les missionnaires de ces pays reconnaissent-ils , qu'il
n'y a qu'un seul moyen pour sortir d'un état si déplorable
et si désastreux. C'est de fonder un séminaire. Le R. P.
Marchi, voulait, il y a quelques années, suppléer au manque d'un établissement, si utile et si nécessaire en Chaldée;
mais son plan ne put réussir. « J'ai vu l'été dernier , écri-
« vait-il en 1852, avec grande satisfaction le séminaire éta-
« bli en Perse, en 1843, par M. l'abbé Valerga [2] et M. Dar-
« nis. Il est à regretter que la vieille antipathie entre Syro-
« chaldéens et Persans ait fait obstacle à la réunion, dans ce
« séminaire , de tous les candidats au sacerdoce , du rite

1 Voir à la fin de cette Brochure le tableau des écoles chaldéennes.

2 Mr l'Abbé Valerga après avoir évangélizé la Chaldée et la Perse ,
comme tertiaire de l'Ordre de saint Dominique adjoint à la mission, a été
élevé plus-tard à la dignité patriarcale, et occupe aujourd'hui le siège de
Jérusalem.

« chaldéen ; car, grâce à la sage direction des Lazaristes,
« la nation chaldéenne aurait pu, d'ici à peu d'années, se
« glorifier d'avoir des prêtres bien élevés, instruits, capables
« de la régénérer peu à peu et de la retirer des ténèbres de
« l'ignorance. En vain le préfet des Lazaristes est-il venu
« deux fois de Perse, au péril de sa vie, pour faciliter une
« réunion si désirée, il ne lui a pas été possible de triompher
« de ces misérables répulsions. Les Chaldéens de la Perse
« auront bientôt un bataillon de prêtres bien préparés et for-
« més aux bonnes mœurs, qui pourront les soustraire au dan-
« ger d'être séduits par l'or et la prédication des méthodi-
« stes, tandis qu'il est impossible de prédire, *quand se lèvera*
« *l'aurore de la régénération pour les autres Chaldéens ; car,*
« *les moyens, dont on veut user dans ce but, me semblent mal*
« *conçus et insuffisants dans la pratique, à produire les fruits*
« *si désirés* [1]. » On comprendra mieux maintenant pourquoi
tout l'épiscopat chaldéen, Mgr Joseph Audo en tête, demande
l'érection d'un séminaire avec de si vives instances : Mgr le
Patriarche dit, dans une lettre qu'il écrivait, il y a peu de
mois : « Nous avons un besoin impérieux et absolu d'un sé-
« minaire général pour y élever et y former les jeunes gens,
« qui se destinent au sacerdoce, afin que solidement instruits,
« ils puissent travailler un jour avec fruit à la conversion
« des Nestoriens. Nous avions déjà commencé à construire
« un édifice à cet usage ; mais la mort d'un bienfaiteur,
« nous a obligés à en suspendre les travaux, comme ceux
« de notre imprimerie, qui avait déjà édité deux ou trois
« petits volumes, pour le bien de nos ouailles et de notre

[1] Relat. ms. au R. P. Jandel, an. 1852.

« clergé ! » Tout le monde comprend en Europe ce besoin, même dans nos pays, où il y a cependant, tant de facilités pour s'instruire ; à combien plus forte raison, faut-il des maisons d'études spéciales pour le clergé, dans des régions dépourvues de toutes ressources spirituelles ! Pas de séminaire : c'est dire, pas de connaissance approfondie de la religion ! Pas de séminaire : c'est dire, pas de connaissance exacte de la langue liturgique, différente cependant de la langue parlée ! Pas de séminaire : c'est dire, pas de connaissance de la vie spirituelle et de la vraie direction des âmes !

Le salut de la religion en Chaldée, et sa diffusion rapide, dépendent presqu'uniquement de la fondation d'écoles supérieures pour le clergé. Quelques séminaires bien dirigés peuvent seuls préparer au sacerdoce des phalanges nombreuses, capables de procurer à ce pays une résurrection si désirée et à l'Eglise elle-même un avenir glorieux ! Déjà du reste, les éléments d'une telle restauration commencent à se rassembler, à se préparer, et l'heure de la miséricorde paraît avoir définitivement sonné, pour l'infortunée patrie d'Abraham et de Job.

La vie cénobitique qui avait jeté un si vif éclat dans la Chaldée, et arrêté pendant de longs siècles la décadence continuelle du Nestorianisme, avait totalement disparu parmi les catholiques. Elle a été rétablie, il y a soixante ans ou à peu près, et voici comment ; les circonstances, en sont assez remarquables, pour qu'on nous permette d'entrer dans quelques détails.

Vers le commencement de ce siècle, *Gabriel Dembou*, négociant de Mardyn, tomba dangereusement malade à Bassorah. Comme on désespérait déjà de le voir se rétablir,

il s'engagea par vœu à embrasser la vie religieuse, si
ses jours étaient prolongés. C'était, sans doute, l'homme marqué dans les desseins de la Providence. Gabriel re-
couvra en effet bientôt, miraculeusement la santé, et disant
adieu à son négoce et à son avenir, il ne songea plus dès
lors qu'à remplir les engagements contractés envers Dieu
même. Le Tout-Puissant dirigea ses pas vers un père car-
me, qui examina sa vocation et l'envoya au Liban, pour
s'y former à son nouveau genre de vie, sous la direction
des fils de St. Antoine. Après quelques années de séjour au
Liban, Gabriel Dembou reprit le chemin de la Chaldée, avec
le pieux dessein d'y faire revivre, s'il était possible, la vie
monastique complètement éteinte dans ces pays, depuis plus
d'un siècle. Il emporta avec lui les règles de St. Antoine, les
légua aux héritiers de ses vertus et de son zèle, et ceux-ci
ont eu l'insigne consolation de les voir définitivement approu-
vées par le St. Siège, en 1844. Le premier pas était fait; mais
il restait encore bien des difficultés à vaincre, bien des obstacles à surmonter. Les œuvres que Dieu veut bénir et rendre
durables, rencontrent des épreuves, toujours assez longues, et
quelquefois presque décourageantes. A peine de retour en
Chaldée, Gabriel demanda au Patriarche les restes d'un vieux
couvent célèbre dans l'histoire, mais presque entièrement délabré, pour s'y établir avec les premiers disciples, que le
renom de ses vertus avait déjà groupés autour de sa personne. Les biens de cet antique monastère avaient été distribués
aux divers membres de la famille patriarcale. Ce ne fut donc,
qu'après de longues luttes, que les désirs du pieux fondateur
furent couronnés d'un plein succès. En 1808, Raban-Hormuz recommença à voir, dans ses murs, des religieux, qui

devaient égaler bientôt des devanciers, dont la renommée
sera éclipsée un jour, par celle de leurs successeurs actuels.

Dieu bénit cette œuvre excellente ; elle a prospéré d'année en année, en dépit des nombreuses entraves qu'on lui a
suscitées. Le pieux fondateur, Gabriel Dembou, couronna, heureusement, la sainte vie qu'il avait consacrée toute entière à
former des religieux pleins de piété et de zèle, à consoler
les pauvres en partageant leurs souffrances, et à évangéliser les hérétiques du Kourdistan. Il fut assassiné par le pacha de Ravanduz. Son sang a été du reste, pour ses fils
et pour la Chaldée, une semence féconde, dont les fruits
ne se sont même pas fait longtemps attendre. Dès 1828
Raban-Hormuz donnait cinq évèques à ce pays si dénué de
ressources. Depuis, il en a fourni sept autres ; sept de ces
prélats vivent à l'heure qu'il est, et administrent divers
diocèses. Le Patriarche actuel Mgr. Joseph Audo est sorti
lui-même de cette sainte pépinière, où Dieu le transplanta
jeune encore; nous dirons bientôt par quel moyen [1]. C'est
à ces religieux, qu'on doit attribuer en grande partie, le
bien, qui s'est fait en Chaldée, depuis le commencement
de ce siècle. Animés d'un saint zèle, d'une solide piété,
quoique peu instruits encore, par défaut de livres et de
guides, ils ont parcouru et évangélisé presque tous les pays
nestoriens. Ce sont eux, qui ont ramené à l'église les ha-

---

[1] Voici les noms des Evèques sortis de cette communauté: *Lourensios
Jeschouah, Micaël Cathoula, Thomas Doschou, Thomas Cara, Basile Asmar, Emmanuel Armar, Ignace Daschto, Jean Tamrès, Siméon Sindjari, Thomas Rokous, Elia Milos, Joseph Audo* Patriarche Chaldéen actuel. Les sept
derniers vivent encore.

bitants des diocèses d'Akra, d'Amédéah, de Zako, de Séert, et de Djézirah.

La Chaldée doit encore aux moines de Raban-Hormuz deux autres bienfaits, dont les résultats s'apprécieront davantage de jour en jour: le rétablissement du célibat ecclésiastique, parmi le clergé de second ordre, et par le retour à une discipline plus austère, l'abolition du patriarcat héréditaire dans la même famille.

Après la mort du dernier Elias en 1775, (voir p. 24 26) Mar-Hanna, son neveu, qui *avait été sacré évêque dans son enfance,* se convertit au catholicisme. Il aurait bien voulu succéder à son oncle comme Patriarche; mais la Congrégation de la propagande ne consentit à le reconnaître, que comme métropolitain de Mossoul (1781). De fait, il fit bien un peu le Patriarche toute sa vie; mais, la crainte de plus grands malheurs fit tolérer cet abus, inspiré par une ridicule vanité. En 1830 la Propagande, le nomma seul Patriarche et mit fin à une bifurcation, existante de fait, sinon en principe, qui avait les graves inconvénients de diviser un peuple de rites et de lois tout-à-fait identiques; d'affaiblir encore davantage une nation catholique, déjà impuissante à suffire à ses besoins avec ses propres ressources; de diminuer l'esprit national, qui pouvait seul résister avec quelque succès aux attaques venant de l'extérieur; de constituer à côté l'une de l'autre deux hiérarchies semblables, mutuellement jalouses de leurs triomphes; d'engendrer par conséquent des conflits de juridiction toujours désastreux pour les peuples et pour l'Eglise. Mar-Hanna mourut en 1838. C'est alors que, grâce au dévouement, et à l'énergie des Evêques sortis de Raban-Hormuz, la succession par ordre électif a définitivement prévalu

et commencé dans la personne d'Isaie de Jacoubbes, ancien
élève de la Propagande. Quand au célibat ecclésiastique, l'e-
xemple des religieux a touché le clergé actuel, qui renonce
généralement aux embarras inséparables de toute union conjugale, pour se vouer plus exclusivement aux soins du ministère
des âmes. Dans la ville de Mossoul, il n'y a actuellement
qu'un prêtre, qui ne soit pas célibataire.

Tant de bien ne pouvait se faire sans opposition; aussi les
moines de Raban–Hormuz, encore peu nombreux mais fer-
vents, ont eu beaucoup de persécutions à soutenir. Ils ont
même payé souvent de leur propre vie les saints transports de
leur zèle courageux et entreprenant. Le successeur de Gabriel
Dembou mourut victime des rancunes de l'ancienne famille
patriarcale, et Mr. Eugène Boré fut, fort innocemment du
reste, la cause de sa mort. A son retour de la Perse, ayant
entendu parler des moines de Raban–Hormuz, il désira vivement les connaître, se rendit chez eux et passa quelque temps,
sous leur toit hospitalier. Les parents du Patriarche défunt,
Mar-Hanna, depuis longtemps désireux de se venger des
moines, auxquels ils avaient dû restituer les dépendances du
couvent, en prirent occasion pour les calomnier auprès du
gouverneur d'Amédéah, ennemi du Pacha de Mossoul. La
cupidité, à défaut d'autres motifs, aurait suffi pour détermi-
ner ce gouverneur, qui s'appelait Ismaïl-Pacha, à commettre
les atrocités, dont il se rendit alors coupable et qu'il expie encore aujourd'hui dans l'exil. Il n'en faut pas tant, pour décider un turc!... Le couvent de Raban–Hormuz fut envahi, sac-
cagé, presqu'entièrement ruiné, les moines chargés de fers,
et conduits pieds–nus, en faisant un long détour, aux prisons
d'Amédéah. Le *Réis* ou abbé, Mar-Hanna *Guehr*, y mourut

avec quelques uns de ses compagnons dans les tourments et la
misère; les autres furent délivrés par le Pacha de Mossoul;
quelques uns vivent encore. Cette lâche et atroce vengeance
n'a pu assouvir la haine de l'antique famille patriarcale, qui
cherche aujourd'hui même, à dépouiller les pieux moines de
leurs biens, prétendant être victime de la plus flagrante inju-
stice. Il faut espérer néanmoins, qu'elle ne parviendra pas à
réaliser ses iniques projets!

Au milieu de toutes ces tribulations, la communauté monacale a pourtant prospéré et prospère encore. Elle compte dix
prêtres, vingt novices et cinquante frères convers, répartis en
trois couvents situés au nord de Mossoul. Le premier qu'on
rencontre en se dirigeant de ce côté, est *Mar-Ghéorghis*, recouvré en 1862; quelques heures plus loin, on trouve près D'Al-
cosch et de Télesképa celui de *Marth-Mariam* qu'on a commencé à bâtir en 1858, sous le vocable de *l'immaculée Con-
ception,* grâce aux largesses de Mgr. Amanton, alors préfet de
la mission dominicaine et délégué apostolique de ces pays. On
appelle encore ce couvent *Hadta* (ou nouveau). Tout près de
lui, mais un peu plus dans la montagne, s'élève Raban-Hormuz. C'est la mère, qui étend son aile sur son fils jeune encore, le protégeant jusqu'à ce qu'il ait assez grandi, pour
n'avoir plus besoin de tutelle. Puissent de nouveaux secours
lui donner bientôt la force qui accompagne et couronne l'ado-
lescence! Les moines de Raban-Hormuz ont eu jusqu'à présent quatre *Réïs* ou supérieurs: *Gabriel Dembou* (1808-1828?);
*Hanna Guerh* (1828?-1842); *Emmanuel Armoula* (1842-
1860) qui se démit de sa charge pour cause de vieillesse;
est mort en 1866; *Elisée Dehouk* élu en 1860 vit actuellement et gouverne l'ordre.

6

Nous ne saurions quitter des lieux si chers et si vénérables par les souvenirs qu'ils rappellent, sans leur accorder encore quelques moments d'attention. Si nos lecteurs veulent prendre en main la carte, qui accompagne cette brochure, nous ferons avec eux une excursion à Raban-Hormuz. En quittant Mossoul et se dirigeant vers le nord, on arrive en une heure ou deux au couvent de *Mar-Ghéorghis*, dont nous avons parlé plus haut. On traverse ensuite trois ou quatre petites localités, presqu'exclusivement habitées par des catholiques de rite chaldéen. C'est dans les bourgades ainsi peuplées, qu'il importerait surtout d'établir de bonnes écoles. On voit d'abord Telképa (6000 hab.); ensuite *Batnaïa* (900 hab.) puis on passe à coté de *Beith Koupa* (400 hab.) laissant, à quelques lieux au nord-est, l'antique *Korshabed* rajeunie par les fouilles, qu'on y a faites dans ces dernières années, et on arrive enfin à *Teleskèpa* (1800 hab.). « En sortant de *Teleskèpa*, on s'engage presque de suite, dans une série de petits monticules, que « l'on est obligé de contourner; et après une marche en « zig-zag d'environ deux heures, on se trouve en présen- « ce de la montagne, qui sert d'asile aux moines de Ra- « ban-Hormuz [1]. » Mar-Hormuz ou Hormizdas, auquel ce couvent est dédié, vivait très-probablement, dans la première moitié du Vᵉ siècle, quoique, par suite peut-être d'une confusion de personnages, l'on ne s'accorde pas complètement, sur cette date. Presque tous les auteurs font cependant de Mar-Hormuz, un Persan issu d'une noble et opu-

1 *Année Dominicaine*, Mai 1861.

lente famille [1]. D'après une de ses légendes il descendait de parents chrétiens établis à Schiraz dans le diocèse de Beith-Lapeth. Suivant d'autres auteurs, il serait au contraire, passé des erreurs payennes au christianisme et aurait ensuite consacré le reste de ses jours à protéger et à propager la religion qu'il avait embrassée. En reculant, jusqu'au milieu du VIIe siècle, l'existence du Mar-Hormuz, dont il est question ici, on s'explique plus facilement la conversion d'un noble Persan. A cette époque en effet, les Sassanides touchaient à leur déclin et leur trône était déjà à la veille de crouler sous les coups redoublés de la puissance mahométane, enivrée de ses premiers triomphes et toute enorgueillie de ses récentes conquêtes. La vue des désastres imminents était bien propre à ramener à Dieu une âme naturellement droite et honnête. Mar-Hormuz passa, suivant la tradition du couvent lui-même, quelque temps, dans le monastère de Bar-hedta, et se fit un grand renom de vertu, si l'on en juge par les miracles que lui attribuent les auteurs de sa légende. L'architecture originale du couvent qui lui est dédié, jointe au site ravissant où il est bâti, fait de ce monastère un chef-d'œuvre tel, que l'Occident n'en connut jamais de semblable. On ne peut lui comparer en Orient que celui de St. Sabas près de Jérusalem. « Il n'y a d'au-

---

1 Assémani distingue deux Hormizdas. Le premier vécut vers l'an. 415 : « *Hormizdates praeterea suscepta christiana fide baptizatus fuit, et ecclesias aedificarit christianosque confutatus est.* » C'est, pensons-nous, celui dont il serait question ici (*Assém. B. O. t. III, p. I, p.* 368). Le second vécut au VIIe siècle, vers 630, et composa quelques poésies. Il est connu sous le nom de *Jean Hormizd.* C'est, selon Assémani, le fondateur du monastère de Raban-Hormuz (Ibid. p. 276, et p. II, p. 880).

« tre édifice que la montagne elle-même, et c'est dans ses
« profondeurs que les moines se sont creusé leurs cellules.
« De petites galeries presque imperceptibles de loin, relient
« entre elles toutes ces différentes cellules et conduisent aux
« lieux réguliers. Ici, c'est le réfectoire commun, taillé dans
« le roc, malgré sa grandeur comme toutes les autres piè-
« ces : ce n'est rien moins qu'une merveille, car les colonnes
« qui soutiennent la voûte, comme la voûte elle-même, ne
« sont qu'un seul et même bloc. Là, est la jolie petite cha-
« pelle, où jour et nuit résonnent les louanges du Seigneur.
« C'est le seul lieu du monastère qui ne soit pas creusé
« dans les flancs de la montagne. Construite sur un rocher
« avancé, cette petite chapelle semble inviter de loin le vo-
« yageur à quitter, un moment, le monde et ses tracas-
« series, pour venir goûter les charmes si doux de la so-
« litude [1]. »

Les Patriarches chaldéens résidaient le plus souvent dans
ce monastère, au dernier siècle ou bien dans la petite ville
d'Alkosch, qui est au pied de la montagne. Ils y avaient
réuni, à ce qu'il paraît, une bibliothèque considérable, mais la
crainte des musulmans fit qu'on l'ensevelit un jour, dans des
souterrains humides; elle y est demeurée oubliée, pendant
de longues années, et lorsque les nouveaux moines l'ont
retrouvée, ces nobles parchemins, admirables véhicules de la
pensée et des souvenirs des siècles antiques, étaient réduits
à l'état d'une poussière informe et infecte. La bibliothèque
actuelle contient cependant encore quelques précieux volu-

1 *Année Domin.* Mai 1861, p. 135.

mes et un voyageur y vit, il y a quelques années, des
évangéliaires assez anciens.

Le monastère de Raban-Hormuz, délabré par le temps,
par le vandalisme turc et en particulier, par les dégats qu'Ismaïl-Pacha, gouverneur d'Amédéah, y commit en 1842,
tombe aujourd'hui en ruines; si on ne le restaure promte-
ment, les moines se verront obligés de l'abandonner, à cause des éboulements, qui mettent fréquemment leur vie en
danger. C'est un de ces éboulements, qui détermina la vocation de Mgr. Joseph Audo, patriarche actuel, à la vie
religieuse. Jeune encore et attaché, comme garde d'honneur, à la personne de Mar-Hanna métropolitain de Mossoul, dont nous avons parlé plus haut, il dût l'accompa-
gner un jour, dans une visite qu'il fit aux moines de Raban-Hormuz. Le cortège quittait déjà le couvent, lorsqu'u-
ne grosse pierre, se détachant de la voûte, vint renverser
le jeune garde en le blessant grièvement. Le Métropolitain
lui accorda à peine un regard de compassion et continua
sa route. Les moines de Raban-Hormuz relevèrent le malheureux blessé et le reçurent dans le couvent, où il demeura de longs jours. On l'y soigna avec une admirable charité et on l'y ramena enfin à la vie, comme par miracle.
Pendant que le jeune Audo était demeuré étendu sur son lit
de douleur, il avait fait de sérieuses et salutaires réflexions,
comme St. Ignace à Pampelune. Aussi, songea-t-il, dès qu'il
fut guéri, à abandonner sa carrière mondaine; il chercha
dans l'Ordre monastique, où on lui avait conservé la vie
du corps, une vie plus précieuse, et ne tarda pas à devenir l'ornement de la communauté. Quoique jeune encore, il
fut promu à l'archevéché d'Amédéah, d'où il fut transféré

plus-tard au siège patriarcal (1848) laissé vacant par la dé-
mission d'Isaie de Jacoubbes en 1847.

« A deux kilomètres de Raban-Hormuz, au pied de la mê-
« me montagne, se trouve la jolie petite ville d'Alkosch
« (4000 hab.), la seule peut-être de tout l'Orient qui comp-
« te seulement des chrétiens parmi ses habitants. Alkosch
« est aujourd'hui comme le boulevard des chrétiens en ce
« pays, et pendant long-temps, elle fut le séjour des pa-
« triarches. Les Alcochiens conservent religieusement, dans
« leurs murs, le tombeau du prophète Nahum et de sa sœur
« Sara. Plurieurs fois, dans l'année, les Juifs des environs
« viennent, en pélerinage, chanter sur ces tombeaux les mal-
« heurs d'Israël [1]. »

Les Chaldéens nomment cette petite ville leur Rome,
à cause de l'absolue liberté, dont y jouit le catholicisme, qui peut y déployer toutes les pompes du culte chrétien, dans les augustes cérémonies de la religion. Ce n'est
pas sans une vive et légitime douleur, que l'Episcopat et tous
les fidèles de ce pays ont vu porter une sensible atteinte à cette liberté, à la suite de mal-entendus déplorables, qui ont écla-
té, durant ces dernières années entr'eux et des personnes dé-
sireuses du reste, de relever ces contrées lointaines de leur
profonde abjection. Cette localité, considérée, comme un foyer
d'opposition, a reçu, sur les instances des protecteurs eux-
mêmes de la Chaldée catholique, un gouverneur musulman,
qui s'y est livré à des excès de tout genre. Comme on ne saurait révoquer en doute la droiture d'intention de ceux qui ont
provoqué cette mesure administrative, on peut croire, sans

1 *Année Domin.* ibid. p. 136.

témérité, qu'à la vue de tels résultats, et surtout de l'immo-
ralité, qui s'est établie dans une ville si intéressante, ces mêmes personnes désillusionnées feront tous leurs efforts, pour
réparer le mal commis jusqu'à ce jour par des gens indignes de
leur confiance, qui ont surpris leur bonne foi. L'esprit profondément chrétien de cette cité antique, les traditions religieuses
dont elle a toujours été le centre, l'influence du monastère de
Raban-Hormuz, qui en est voisin, pourront, en peu de temps,
réparer les ruines et donner une nouvelle et plus vive impulsion au bien intellectuel et moral de sa population.

Ces détails, sur tout ce qui touche de près à Raban-Hormuz
et à sa communauté monacale, ne sauraient paraître inutiles,
si on veut bien songer, que de l'avis de tous les hommes qui
connaissent le pays, c'est là que réside tout l'espoir d'une
régénération future pour la Chaldée toute entière. On ne s'é-
tonnera pas non plus, de trouver ici quelques uns de ces témoi-
gnages groupés ensemble, afin de faire mieux ressortir toute
l'importance de cette précieuse institution ; ils sont presque
tous extraits de lettres encore manuscrites. Voici, dans quels
termes un missionnaire exprimait son opinion, il y a dix ans :
« Les évêques et leur clergé, sauf les quelques membres,
« qui ont été élevés à la propagande, sont à un niveau doctri-
« nal et moral fort au dessous de leur caractère et de leurs
« fonctions sacrées. Ce n'est guère que du couvent des moi-
« nes antoniens de Raban-Hormuz, que sont sortis les prêtres
« et la plupart des Évêques qui ont opéré quelque bien. Le
« couvent des moines antoniens de Raban-Hormuz, à mi-che-
« min entre Mossoul et Mar-Yakoub, a été jusqu'ici la pépi-
« nière, d'où sont sortis la plupart des évêques et les seuls
« prêtres dignes de ce nom, en qui les missionnaires aient

« trouvé des collaborateurs zélés et dévoués. » Une autre lettre du 4 avril 1859 contient encore ce passage relatif aux moines, dont nous parlons : « Cette sainte institution monastique
« a repris un commencement de vie avec le Catholicisme,
« dans la nation Chaldéenne, et quoiqu'à peine ébauchée,
« elle a donné à la mission, comme au pays lui-même la me-
« sure du concours qu'on peut en attendre, lorsqu'elle aura
« atteint son complet développement. » Nous lisons aussi
dans l'*Année dominicaine* : « La vie érémitique est le but de
« ces moines et celle qu'ils ont choisie de préférence ; mais,
« malheureusement, la nécessité des temps leur a imposé
« d'autres devoirs. Aujourd'hui, ils sont obligés de se livrer à
« un ministère plus actif, et ils vont, comme missionnaires,
« exercer les fonctions sacerdotales dans les lieux, qui sont
« privés de leurs prêtres. *Le zèle, qu'ils déploient en toutes*
« *circonstances, les fait aimer et estimer de tout le monde, et*
« *c'est bien à juste titre ; car, en vérité, ils sont, par leur*
« *science et leur piété, les plus beaux fleurons du clergé chal-*
« *déen* [1]. » Aussi, un des derniers délégués apostoliques de
la Mésopotamie et de la Perse, les recommandait-il instam-
ment à la bienveillance de Rome. « Les moines, disait-il, sont
« *assurément la meilleure partie du Clergé chaldéen. Ils ont*
« *fait beaucoup de bien jusqu'ici. Leur couvent est l'espérance*
« *de la nation ; il a été une pépinière d'Evêques.* » Il ajoutait
encore ailleurs : « Il serait extrêmement regrettable que ce
« germe de vie monastique demeurât stérile, dans un pays si
« pauvre en fait de ressources spirituelles. »

1 Mai 1861.

Qu'il soit permis d'espérer, que ces désirs seront exaucés, et que l'attention de Rome et de l'Occident catholique saura conserver et raviver cette étincelle de vie religieuse, que Dieu a fait reparaître au sein de la Chaldée, dans des vues de miséricorde et de régénération chrétienne! c'est à ces religieux qu'incombe naturellement la tâche de contribuer par leurs efforts à la conversion des nombreux Nestoriens, qui habitent le haut Kourdistan, les environs du lac de Van, les monts Kardous, sur lesquels s'arrêta l'arche de Noë, suivant les traditions orientales, et qui s'étendent jusque dans la Perse. Ces Moines pourront aussi être d'un grand secours pour la direction des écoles, surtout des séminaires, dont la fondation « *est absolument indispensable pour la formation sérieuse de* « *tout clergé, et cette formation est de première nécessité, tout* « *le monde en convient.* »

La fondation d'un séminaire et la multiplication des écoles feront sentir, plus vivement encore que par le passé, le besoin de donner plus de développements aux imprimeries. La mission Dominicaine, rétablie en 1835 et confiée depuis quinze ans environ à la province de France, a bien mérité de la Chaldée catholique sous ce rapport. Non seulement elle a ouvert de nouvelles écoles et développé les anciennes, mais, grâce à Mgr. Amanton, elle a fondé aussi à Mossoul, en 1860, une typographie, qui est aujourd'hui déjà célèbre en Orient. Le R. P. Ligiez avait eu, quatre ans auparavant, en 1857, l'idée de recourir à la lithographie. Sans autre secours, ni autre instruction que celle qu'il avait puisée dans le manuel du lithographe, ce zélé missionnaire exécuta, pendant trois ans, à l'aide des ouvriers qu'il était parvenu à s'adjoindre, une œuvre relativement colossale, qui fut très-utile à la mission et aux écoles qu'elle dirigeait. Dépourvu d'une foule d'éléments nécessaires ou utiles, dans un pays trop chaud pour permettre de travailler facilement pendant l'été, le R. P. Ligiez lithographia des *Abécédaires*, de *grands tableaux muraux* pour les commençants et sept ou huit petits volumes, dont un, in-8° et composé de 200 pages fut tiré à 800 exemplaires. Les produits évidemments supérieurs, qu'on a obtenus depuis, ont fait oublier ces essais, imparfaits sans doute, mais dont l'utilité fut vivement sentie, et appréciée, depuis 1857 jusqu'en 1861, époque à laquelle l'imprimerie commença à fonctionner. Cette typographie semble destinée à rendre d'immenses services à ces malheureux pays, où il y a tant d'ignorance à extirper et tant de lumières à répandre parmi des populations, si dépourvues jusqu'à ce jour de tout moyen d'instruction. Le bulletin *des écoles d'Orient* (mars 1867) et les *Annales* de l'*Année dominicaine* (juillet et août 1867) ont mis leurs lecteurs au courant de tout ce qui a été fait par le passé. Seize petits volumes sont déjà sortis des presses de cette imprimerie ; ils sont presque tous relatifs à la religion, comme *les Exercices pour le chemin de la croix, l'Eucologe, l'Histoire sainte, l'Abrégé de la doctrine chrétienne, le Choix de cantiques* etc. quelque uns cependant roulent sur diverses sciences profanes, comme la *Géographie, l'Arithmétique, la Littérature française et arabe* etc. Presque tous ces opuscules importants en eux-mêmes, mais surtout relativement aux peuples, pour les quels on les a édités, se recommandent par la correction, la netteté de l'impression, et tout spécialement par l'exactitude doctrinale qu'on a mise à les composer. La langue Arabe étant la langue vulgaire, c'est par elle qu'on a inauguré, ces essais de typographie si heureux, qu'ils ont été admirés même en Europe [1]. Le numéro d'août de *l'Année dominicaine* nous apprend que la typographie de Mossoul possède aussi des caractères *syriens, chaldéens* et *français*. Des ouvrages, édités dans les quatre langues représentées par ces divers caractères, feront le plus grand bien. *Le français* initiera les Moussouliotes les plus distingués et les Chaldéens les plus capables à notre civilisation européenne, en les mettant en relation avec la France, leur protectrice dévouée. Les lumières, les connaissances, que les lettrés chaldéens acquerront dans le contact intellectuel avec l'Europe, seront ensuite vulgarisées par *l'Arabe,* qui est la langue nationale et la plus répandue dans tout l'Orient.

Le *Syrien* et le *Chaldéen* représentent surtout les langues liturgiques, autrefois vulgaires dans ces pays, mais presque totalement expulsées par l'Arabe du commerce ordinaire de la vie. Si on excepte quelques peuples de la campagne et les Nestoriens qui parlent encore le *Chaldéen* quoiqu'un peu défiguré, ces deux langues sont exclusivement confinées dans les églises. Quoique d'un usage par là même plus restreint, puisqu'elles ne sont connues que du sacerdoce et des érudits de la Chaldée, il n'en est pas moins nécessaire d'exécuter quelques publications dans ces idiomes. Il y en a même qui sont d'une *importance majeure, d'une nécessité absolue,* d'une *nécessité telle* enfin, qu'on se demande, comment on n'a encore presque rien fait sous ce rapport. Pour ne considérer que le Chaldéen, voici, ce semble, les principales raisons, qui doivent plaider sa cause devant toutes les personnes qui s'intéressent

---

1 Bulletin des *Ecoles d'Orient* Janvier 1863 p. 217. — *Année Domin.* Avril 1863, Août 1862.

au succès de ces missions, aussi bien qu'à la résurrection et au progrès de ces peuples catholiques.

La littérature Chaldéenne embrasse deux sortes d'ouvrages 1.° *tous les livres qui de près ou de loin touchent à la liturgie,* comme *les saintes Ecritures, les Missels, les Bréviaires, les Rituels* etc., 2.° tous les ouvrages composés par les anciens nestoriens, et même par les auteurs qui ont précédé l'hérésie embrassée, par ces nations, au Vᵉ siècle. Malheureusement pour les lettres et les sciences, la plupart des manuscrits, où étaient contenus ces produits de la littérature chaldéenne, ont été brûlés ou lacérés par les Omar, les Turcs, les Gengiskan, et les Tamerlan. La plus grande partie de ceux, qui ont échappé au fer et aux flammes, ont été transportés en Europe, dans les bibliothèques de Rome, de Paris et de Londres surtout, dans ces dernières années. La première classe d'ouvrages, dont nous venons de parler, les ouvrages liturgiques se trouvent représentés par de nombreux manuscrits existants dans les bibliothèques d'Europe, mais principalement dans les pays où on s'en sert encore pour la célébration des offices ecclésiastiques. Pour faire comprendre combien il importe de les imprimer, il suffira de dire, que ces œuvres sont en quelque sorte le *manuel* du clergé, *manuel* qui doit ne l'abandonner jamais, *manuel* au moyen duquel, il loue Dieu, et sanctifie les âmes, *manuel* enfin dans lequel il peut puiser la connaissance théologique de nos divins mystères, la science de la vie chrétienne et de la direction des âmes. Tout ce qui a été dit, pour démontrer la nécessité de former un clergé indigène sérieux, pourrait être répété en cet endroit, pour appuyer la thèse exposée. Or, jusqu'ici, il n'y avait en Chaldée, « ni livres de « prières, ni catéchismes, ni Evangiles. On en était réduit à

« se servir bien souvent d'anciens manuscrits, usés par le
« temps, empruntés pour la plupart aux Nestoriens et couverts
« de ratures, sous lesquelles une plume mal habile avait cher-
« ché à faire disparaître les passages hérétiques. Il n'était pas
« rare de voir dans les églises, huit ou dix enfants accroupis
« et groupés autour de la même page, qu'ils essayaient vai-
« nement de déchiffrer. On faisait bien circuler, dans quel-
« ques pays, un petit nombre d'exemplaires d'un *Abrégé de*
« *la doctrine chrétienne de Bellarmin,* sortis des presses de la
« Propagande ; mais ces livres étaient rares, coûteux et insuf-
« fisants. Le christianisme reposait donc dans ces contrées,
« présqu'entièrement, sur la tradition orale ; la foi chrétienne
« se transmettait de bouche en bouche et ne s'inculquait plus
« guère dans les âmes, que par les cérémonies et les rites sa-
« crés. La liturgie était le dernier retranchement et le dernier
« arsenal du catholicisme ; ces peuples ne tenaient plus à l'E-
« vangile et à Jésus-Christ que par leurs rites, dont, hélas!
« ils ne comprenaient par toujours assez le sens, et dont les
« prêtres eux-mêmes ne sont pas assez instruits, pour leur
« donner une interprétation suffisante. Aussi, ne peut-on s'ex-
« pliquer sans un miracle et une grâce toute particulière, la
« conservation et la perpétuité de la foi, dans ces contrées
« lointaines de l'Orient [1]. »

L'impression des livres liturgiques, *Bréviaires, Missels,* etc.
est donc de première nécessité, pour le clergé, pour la splendeur du culte divin et la diffusion de la vérité. Si on peut y
joindre une théologie spécialement rédigée pour ces contrées
malheureuses, où on développerait principalement les dogmes

[1] *Année Domin.* Juillet 1867.

opposés aux hérésies orientales, au moyen des preuves et
des arguments puisés dans les traditions ecclésiastiques de
l'Orient, on obtiendrait deux ouvrages qui serviraient de *vade-
mecum* au prêtre et au séminariste, auquel il faut fournir
*des livres* en donnant *des guides.*

En dehors des *Missels,* des *Evangéliaires,* des *Saintes Ecritures,* le *Bréviaire* proprement dit comprend trois gros volumes, que les Chaldéens appellent, dans leur langue, *Houdra* ou le *Livre cyclique, Caschcul* ou la *Sébille, Beith-Gaza*
ou le *trésor.* Le premier contient l'office des dimanches et
des féries, s'il est tout-à-fait complet ; le second renferme l'office férial, de telle sorte que le *Caschcul* n'est qu'une partie
du *Houdra*; le troisième comprend l'office des fêtes. Ces
trois gros volumes équivalent chacun à plusieurs ouvrages
pouvant former un tout à eux seuls. On ne compte pas là
dedans le *Psautier,* le livre de prière par excellence, dans
toutes les Eglises, mais d'une manière toute spéciale, dans
la liturgie chaldéenne. De là vient, sans aucun doute, qu'il
n'est pas permis de promouvoir quelqu'un au Lectorat, s'il
ne le sait déjà tout entier par cœur. Ces quelques explications
préalables permettent de se faire une idée plus nette du besoin impérieux, que le Clergé de ce pays doit ressentir d'un
bréviaire imprimé à son usage. La munificence d'un chaldéen,
qui avait été membre d'une Congrégation religieuse, avait mis
ses compatriotes en état de commencer à bâtir un séminaire et
de fonder une imprimerie. La lettre du Patriarche citée un peu
plus haut, nous a appris que la mort de ce bienfaiteur avait
fait suspendre les travaux. Les presses chaldéennes de Mossoul ont publié cependant, dès l'an dernier (1866), deux
petits volumes fort bien réussis et imprimés à peu de frais.

C'est d'abord un in-12 de 340 pages contenant le pseautier disposé à la manière des Chaldéens; ensuite un autre in-12 de 350 pages, nommé *Daqdam vebothar (avant et après)*, parceque l'office y est divisé conformément à l'ordre des semaines de l'année, qui, dans cette liturgie, se distinguent en *Premières (Quadmaitha)* et en *Secondes (Aheroitha)*; ce volume renferme les oraisons du jour, et quelques chants des martyrs composés, en majeure partie, par St. Maruthas au IVe siècle, etc. La continuation d'une entreprise si heureusement commencée est une des œuvres, qui méritent d'exciter davantage l'intérêt et la sympathie des âmes généreuses d'Europe, et il serait bien à désirer que *de nouveaux secours permissent de la conduire à bonne fin, en peu de temps.*

On peut ajouter deux autres raisons à l'appui de celles qu'on a déjà données. Les manuscrits, dont on se sert en Chaldée, ont été souvent transcrits par des nestoriens et corrigés ensuite par des catholiques au moyen de ratures et de renvois; mais on conçoit facilement que ces corrections sont trop imparfaites, pour ne pas exposer à certains dangers et à des confusions inextricables des personnes simples et ignorantes. Les livres liturgiques mêmes revus par Joseph II, dans le siècle dernier, contiennent des expressions ambigues, qui peuvent devenir, suivant le sens qu'on leur donne, une occasion de fausses interprétations et une cause de graves erreurs dogmatiques. Il est donc d'une importance souveraine qu'on revoie cette liturgie et qu'on écarte à tout jamais, au moyen de l'impression, le danger que peuvent offrir de tels mauscrits.

Enfin un dernier motif, mais des plus graves, qui doit faire hâter l'exécution de cette œuvre, c'est le *besoin*, disons mieux, la *nécessité* de combattre les protestants de Beyrouth et d'Ourmiah, dont les typographies ne se reposent jamais. Les Méthodistes américains ont déjà publié un assez bon nombre d'ouvrages, tant en *Chaldéen littéral*, qu'en *Chaldéen vulgaire*. Il faut placer au premier rang, l'édition qu'ils ont donnée des Saintes Ecritures, le Pseautier, qu'ils ont imprimé à part, et plusieurs ouvrages de polémique, pleins d'accusations retassées, outrageantes et absurdes contre l'Eglise Romaine et ses croyances. Ils n'ont pas osé éditer les bréviaires et les liturgies nestoriennes, parcequ'ils trouvaient dans les débris traditionnels de cette antique Eglise, tout altérés qu'ils sont, la condamnation de toutes les erreurs, qui ont mis l'Europe en feu, pendant ces trois derniers siècles. Les catholiques ne sauraient donc faire une œuvre plus utile à leurs frères malheureux de la Chaldée, et aux Nestoriens eux-mêmes, que l'impression de ces liturgies, où hérétiques et orthodoxes trouveront la réfutation péremptoire de ces prédicants américains et anglais, et puiseront des arguments solides et irrésistibes pour les combattre avec succès.

Il faut espérer que tous ces motifs réunis décideront les RR. PP. Dominicains de Mossoul et les Chaldéens à combiner leurs efforts pour hâter, le plus possible, l'impression de la liturgie chaldéenne, et il faut leur souhaiter des succès, qui dépassent encore ceux qu'ils ont obtenus jusqu'à ce moment. La religion et l'Eglise béniront leurs sacrifices, leurs rudes labeurs, si utiles et si fructueux pour le salut des âmes, et la dilatation du règne de Jésus-Christ; la science catholique accueillera avec faveur l'édition de cette liturgie, jusqu'à ce jour peu explorée et y cherchera des preuves nouvelles ou du moins rajeunies dans leur forme, à l'appui de l'antique croyance en tous les mystères, en tous les dogmes que l'impiété blasphème et que l'hérésie veut anéantir. On peut ajouter enfin, que l'impression de ces ouvrages faite en Chaldée, diminuera considérablement les dépenses, qu'il faudrait s'imposer en Europe, pour conduire à bonne fin cette œuvre *si importante, si nécessaire, si indispensable*. On trouvera des hommes experts plus nombreux que dans les typographies de France, d'Allemagne et d'Italie; leur rétribution sera modeste et leur travail pourra être excellent. Les moines de Raban-Hormuz pourront encore ici rendre des services considérables, si l'on fait appel à leur zèle et à leur dévouement; on ne saurait douter qu'ils ne se sentent heureux, de travailler pour leur propre avantage et surtout, pour celui de leur patrie. Leur concours, qui est assuré à une *œuvre si excellente*, sera utile à la propagande catholique, en diminuant les frais qu'elle supporte et amènera des résultats plus considérables et plus satisfaisants. La typographie fondée à Rome, pour subvenir, en particulier, aux besoins des fidèles de rite oriental, sera soulagée par cette modification heureuse introduite dans les missions d'Asie. Tout le monde connaît les dépenses énormes qu'elle doit subir, pour l'impression des ouvrages qu'elle expédie ensuite aux chrétiens d'Orient. Personne n'ignore aussi, que, malgré tout le soin qu'on apporte à ses tirages, les livres ne répondent pas toujours à l'attente de ceux à qui on les destine, et perdent par là de leur utilité. Il ne sera donc pas superflu d'adjoindre des fidèles de la Chaldée

et de la Mésopotamie à se procurer les éléments premiers de
toute typographie, pourqu'ils puissent chercher ensuite par
eux-mêmes, à se pourvoir des moyens devenus aujourd'hui
indispensables à la réalisation de tout progrès sérieux, dans
les sciences humaines et divines. Ils travailleront avec amour
à leur propre avancement, c'est-à-dire avec soin et succès.
Les catholiques chaldéens et syriens, après avoir pourvu à
leurs besoins particuliers, se souviendront encore de leurs
frères égarés, Nestoriens ou Jacobites, et pour les ramener
plus facilement à l'Eglise, pour dissiper les préjugés, applanir
les voies et préparer un retour si désiré, ils les éclaireront
au moyen de livres spéciaux adaptés à leur état, et composés
en langue vulgaire, là où le besoin s'en fera sentir. Les protestants ont déjà exécuté en partie ce plan d'évangélization;
c'est pour les fils de l'Eglise catholique une raison de plus
de ne pas demeurer en arrière. La modicité de nos ressources, l'immensité des besoins auxquels il faut suffire, la
multiplicité des institutions qu'il faut soutenir ou fonder,
nous créent des obstacles pour chaque oeuvre prise à part;
mais nous ne devons pas oublier, que la persévérance et
l'esprit d'ordre réalisent d'immenses résultats, avec les moyens pécuniaires les plus modestes, pourvu qu'ils soient
bien employés.

Lorsque les imprimeries catholiques, fondées en Chaldée
auront satisfait aux besoins les plus impérieux des fidèles,
par la publication des Saintes Ecritures, de quelques ma-
nuels de piété, de quelques vies de saints, et en particulier
des livres liturgiques, les missionnaires trouveront encore un
champ fécond, où leur zèle pourra s'exercer de la manière
la plus utile pour l'Eglise, et pour l'Europe savante. Eta-

blis sur les lieux mêmes, où vécurent tant d'écrivains célèbres, où gisent confondus tant de précieux souvenirs, ou-
bliés dans les inscriptions et les ruines qui les recouvrent,
ils pourront publier les ouvrages de ces auteurs antiques,
déchiffrer les pierres muettes encore de Babylone et de Ninive, et communiquer leurs découvertes à l'Europe, impatiente
de pénétrer dans les sombres replis de cet Orient si mystérieux. Personne n'ignore avec quel intérêt, l'attention des savants se tourne aujourd'hui vers ces contrées de l'Asie, qui
renferment les traditions les plus reculées et le berceau du
genre humain. Ne serait-il pas opportun de fixer un peu
les regards des ministres de l'Eglise de ce côté, de les encourager à profiter de nos grandes découvertes, pour faire
connaître les pays qu'ils évangélisent, à ceux que des distances, difficiles à franchir, retiennent dans le lointain ?
Pour descendre du général au particulier, ne serait-il point
possible de recourir à la lithographie, pour multiplier des
manuscrits précieux et qui n'existent pas en Europe? Un
calligraphe habile se trouvera toujours plus facilement en
Chaldée que parmi nous. Au moyen encore de la photo-
graphie, des inscriptions importantes et faciles à découvrir,
pourraient être envoyées dans nos universités, et nos académies, pour fournir un thème abondant et exact aux recherches des hommes studieux, dont le nombre se multiplie
de jour en jour. Les langues orientales sont le champ clos,
dans lequel joûtent la plupart de nos philologues contemporains; l'Eglise qui fut en Europe la promotrice de ces
études, dans les siècles passés, ne saurait rester étrangère
à ce mouvement. Puissions-nous donc voir les apôtres modernes de la Chaldée se tenir au courant des découvertes

de l'époque, relatives au pays qu'ils fécondent de leurs
sueurs, et ne pas dédaigner, comme une chose totalement
inutile au saint et sublime ministère des âmes, les recherches qui ont pour but l'histoire, la description exacte des
antiquités assyriennes! Non, de telles occupations ne sauraient être indifférentes à notre religion, la quelle a toujours
témoigné une affection particulière à ceux de ses enfants, qui
l'ont honorée par leur science et glorifiée par leurs vertus.
Les Saintes Ecritures ont consacré une trop large place à
ces royaumes et à ces peuples fameux, pour qu'il n'y ait
aujourd'hui qu'un futile intérêt à vérifier les récits historiques, que l'Esprit de Dieu a daigné *inspirer*, aux auteurs
de nos livres saints. Ne serait-ce d'ailleurs, que pour répondre aux attaques dirigées contre la foi de l'Eglise catholique, il n'est pas possible d'admettre, que le temps et les
loisirs consacrés à ces études soient totalement perdus. L'Eglise louerait certainement le missionnaire, qui, au milieu des
fatigues de son apostolat, chercherait un noble délassement
dans les progrès de la science! Puissent donc les Botta, les
Rawlinson, les Layard, les Place, etc. trouver non seulement
des imitateurs, mais même de nombreux rivaux, parmi
les missionnaires de la Chaldée! La science ne pourra qu'y
gagner et les âmes n'y perdront pas. Etablis à poste fixe,
dans ces pays lointains, ils auront plus de facilités que les
voyageurs déjà nommés, pour assurer et contrôler leurs résultats. Les recherches du lendemain viendront quelquefois
détruire les apparences, les hypothèses de la veille; mais
très-souvent aussi, elles les confirmeront, et chaque jour en
donnant quelques rayons de plus, permettra de former enfin un faisceau de lumières, à la clarté duquel, la vérité re-

splendira brillante et sans tache aux yeux mêmes des plus aveugles, pour le plus grand triomphe de l'Eglise de Dieu et de la science.

Ces considérations suffisent à elles seules, quoique incomplètes, pour faire entrevoir l'importance majeure de la mission dominicaine de Mossoul, surtout, lorsqu'elle se sera solidement établie dans les divers points, que nous avons signalés plus haut, comme centres d'opération, à *Séert, Aschita Van et Amédéah*. Elle pourrait, assistée de toutes les institution modernes , des *écoles , des séminaires , des typographies*, etc. donner à l'Europe chrétienne l'immense consolations de voir dans ces pays une chrétienté , composée de quatre à cinq-cent-mille Syriens ou Chaldéens , qui , en s'élevant peu à peu au niveau de leurs frères d'Occident, rendraient à l'Eglise les plus grands services, qu'elle ait droit d'attendre de ses enfants. Ils lui prépareraient en effet, des phalanges d'ouvriers apostoliques, admirablement disposés par la nature et par une éducation vraiment sacerdotale , à travailler avec fruit au salut des musulmans , du jour, où leur religion toute sensuelle croulera, sous les coups et les assauts du rationalisme européen, qui commence déjà à s'introduire en Asie, et à concourir, malgré lui, au triomphe définitif de la vérité. Les Syriens et les Chaldéens puiseraient, dans le souvenir de leurs propres infortunes, de puissants motifs de coopérer, avec un zèle ardent, à la conversion de leurs anciens persécuteurs et ne laisseraient point passer l'occasion d'infliger une aussi noble vengeance, à ceux qui furent autrefois leurs mortels ennemis. On ne doit pas oublier d'ailleurs, au point de vue de la science chrétienne, que les Chaldéens et les Syriens sont les représentants d'une des premières Eglises connues , et qu'en renouant , même après plusieurs siècles, la chaîne interrompue de leurs traditions , ils peuvent fournir à la polémique et à l'apologie catholique, une de ses meilleures armes, contre des adversaires acharnés dans leurs attaques et infatigables dans leur ardeur. Sous ce rapport tout religieux, ces contrées lointaines , si oubliées jusqu'à ces derniers temps , ne sauraient trop attirer la sollicitude de Rome et de l'Occident. Si nous détournons maintenant nos regards du sanctuaire, pour contempler le côté plus profane , que nous présentent ces régions , le plus léger examen suffit pour convaincre , qu'il n'est pas de vicariat apostolique dont on puisse comparer l'importance à celle de la mission dominicaine de Mossoul. L'Histoire et l'Archéologie ont toute espèce de motifs d'attendre de ces pays d'admirables et fécondes révélations. N'est-ce point là que fut, en effet, le théâtre des plus grands empires, le siége des dynasties les plus fameuses et les plus antiques? N'est-ce pas dans ces lieux mêmes que se décidèrent souvent les destinées du monde alors connu? N'est-ce pas enfin , dans cette terre aujourd'hui si désolée , que la vérité chrétienne à son avènement s'épanouit avec le plus de facilité?... Ce sol est donc plein de souvenirs précieux, et de débris sacrés ou profanes, qui, exhumés avec intelligence, peuvent éclaircir les difficultés de l'histoire politique et religieuse, en dissipant ses doutes et comblant ses trop nombreuses lacunes. L'Hérodotus de Rawlinson a déjà fait entrevoir ce qu'on peut légitimement espérer, dans l'avenir, d'heureux rapprochements et d'intéressantes découvertes.

Telles sont quelques unes des puissantes raisons, qui semblent propres à encourager les fils de St. Dominique à faire de nouveaux sacrifices et de nouveaux efforts, pour arracher ces peuples malheureux au joug abrutissant de l'Islamisme. La providence leur a ménagé de rudes épreuves ; l'éternel ennemi du bien a placé sur leur route de violentes contradictions ; mais le temps, en calmant les passions humaines, leur rendra la paix, et avec elle, l'occasion et la facilité de faire du bien à un pays, si célèbre dans les annales de leur ordre. La mission de Mossoul doit être, en effet, spécialement chère aux Frères-Prêcheurs, parce qu'elle leur redit, et le zèle dont étaient embrasés leurs premiers aïeux, et les tentatives, plusieurs fois renouvelées, au moyen des quelles, ils cherchèrent de bonne heure à ramener à l'orthodoxie ces contrées lointaines. L'histoire rapporte, que St. Dominique avait formé lui-même le projet d'aller évangéliser les infidèles, et que la mort seule l'empêcha, de réaliser un aussi généreux dessein, qui ne périt pas du reste avec lui. Les confidents de ses pensées se hâtèrent en effet bientôt, de le mettre à exécution, et quelques années à peine, après la fondation de l'Ordre, nous les voyons pénétrer résolûment jusqu'au cœur de l'Asie, chez les Tatars, chez les Mogols, et chez les hérétiques eux-mêmes de la Chaldée. Dès 1237, le P. Philippe, deuxième provincial de Terre sainte, ramenait à la foi orthodoxe le patriarche Jacobite ; Guillaume de Montferrat parvenait jusqu'au Catholicos de Sélik ou Ctésiphon, Jaballaha II, et en obtenait des lettres de communion pour Grégoire IX. Dix ans plus tard, un autre dominicain le P. André de Lonjumeau rapportait encore à Innocent IV l'abjuration de Makika II, Patriarche Nestorien. Le zèle apostolique suffit, sans doute, à lui seul, pour rendre raison de ces efforts et de ces tentatives des premiers Frères-Prêcheurs ;

mais on pourrait dire encore que l'importance de ces contrées n'échappait pas à leur observation, et qu'ils trouvaient, dans leur passé, des gages de ce qu'elles pourraient
devenir un jour. Au dernier siècle, un des premiers fondateurs de la mission de Mossoul, le P. Dominique Lanza, qui
passa vingt-cinq ans en Chaldée (1753-1777), comprit très-bien
cette importance, ainsi que l'attestaient naguère plusieurs manuscrits, où il avait consigné de bien précieux souvenirs, si
on peut en juger par ce qui a échappé aux flammes, allu-
mées à Rome par les Garibaldiens de 1849. Il est à regretter, que ces *brûleurs d'Archives* aient ravi ces ouvrages
à l'étude. Le peu, qui en reste encore, un volume de mémoires relatifs à ses voyages, révèle un homme érudit, et
surtout ami de la vérité et de l'exactitude. Nous ne signalerons qu'une anecdote intéressante, qui loin d'être étrangère au sujet que nous traitons ici, peut au contraire ouvrir
un nouvel et vaste horizon à l'avidité scientifique des savants
contemporains. Le docte missionnaire raconte, au premier livre
de ses mémoires, qu'il fut obligé, trois ans après son arrivée
à Mossoul, de se rendre à Constantinople, pour obtenir quelques faveurs, nécessaires au succès d'une mission si importante pour l'Eglise. Les affaires se traitaient alors à Constantinople, avec la plus grande lenteur. Les relations du gouvernement turc avec l'empire germanique étaient excessivement
tendues. L'extrême occident était en feu ; la guerre de sept ans
venait de commencer entre la France, l'Angleterre et la Prus-
se. Le moment n'était donc pas favorable pour des négociations
religieuses. Aussi, le père Lanza ne pouvait-il trouver aucun
protecteur. Après avoir frappé vainement à toutes les portes
d'Ambassade, tenté tous les moyens, il se décida à écrire au

Baron Pemkler, ancien ambassadeur d'Autriche à Constantinople. « Je le priai, dit-il, d'offrir, en mon nom, cinq-cents mé-
« dailles antiques et rares, que j'avais apportées de Mossoul, à
« Sa Majesté Impériale, dont j'implorais la protection et quel-
« ques subsides pour mon voyage. » Comme je perdais déjà
l'espoir d'obtenir une réponse, « je reçus, par l'intermédiaire
« de Monsieur Schevalchim, Ministre de l'Empire à Constan-
« tinople, une lettre du Baron Pemkler, où il me disait, que sa
« majesté acceptait mon offre et donnait ordre de me délivrer
« cinq-cents piastres, sans parler de la protection que je sol-
« licitais... Cette lettre me surprit... Je compris bientôt ce-
« pendant que l'Ambassadeur devait m'aider de son crédit,
« après avoir obtenu, à un si vil prix, un nombre de Médail-
« les, si précieuses et si rares, qu'aucun musée d'Europe n'of-
« frait alors une semblable collection. C'est du reste ce qu'on a
« vu, par un ouvrage composé depuis, sur celles que j'offris à
« Sa Majesté l'Empereur... Ce dont je m'aperçus le mieux,
« c'est que Mr. Schevalchim avait des instructions particulières
« pour se procurer mes médailles, sans prendre aucun engage-
« ment envers moi; aussi je n'en pris moi-même aucun envers
« lui. » Pour abréger le récit de cette aventure, nous dirons
que le P. Lanza, après beaucoup de négociations, finit par re-
mettre plus de cinq-cents médailles à l'ambassadeur d'Autriche,
qu'il en donna vingt autres plus précieuses encore au Baron
Porter ambassadeur d'Angleterre, et moyennant ces durs sacrifices, il obtint un firman, dont la teneur ne devait pas être excessivement favorable, si nous en jugeons par la clause qu'il
espérait y faire ajouter, peu de temps après: « J'allai voir,
« ajoute-t-il, le drogman Pisani, qui avait obtenu le firman,
« et après un long discours, nous convinmes qu'il prierait, au

« bout de six mois, Mr. Schevalchim d'y faire joindre la clau-
« se suivante: *Les Pères Dominicains pourront lire, dans leur*
« *propre maison, le saint Evangile, conjointement avec les chré-*
« *tiens, de quelque nation qu'ils soient, sans que ceux-ci puis-*
« *sent être molestés pour ce motif par les employés du gouver-*
« *nement turc* [1]. La mort du drogman Pisani ne permit pas au
P. Lanza de réaliser ce désir et les missionnaires Dominicains
dûrent se contenter du firman qu'ils avaient obtenu, au prix
de tant de démarches, de fatigues et de sacrifices. Le même
auteur raconte encore une particularité intéressante au sujet
« de Nisibe: « Outre les nombreuses antiquités, qui sont
« ensevelies sous le sol, on y trouve, dit-il, beaucoup de mé-
« dailles antiques, et moi-même, un jour, en allant me prome-
« ner, j'en ramassai plusieurs en cuivre, de Constantin et de
« Constance [2]. » Il est possible qu'aujourd'hui, les découvertes ne soient, ni aussi faciles, ni aussi fréquentes, mais elles
peuvent devenir plus importantes, au moyen de quelques fouilles sagement conduites. Les missionnaires de la Chaldée, ne
laisseront certainement pas se rompre la chaîne des traditions
de leurs devanciers, et acquerront autant de droits à la reconnaissance des Sciences, des Arts, et des Lettres, qu'à celle de
la Religion. L'écriture Cunéiforme, malgré tout ce qu'elle
promet aux savants d'intéressantes découvertes, est encore

---

1 *Compend. Relaz. Istorica dei viaggi fatti dal P. Domen. Lanza,* libro
I, pag. 111-120.

2 *Compendiosa Relazione Istorica dei viaggi fatti dal P. Domenico Lan-*
*za dall'anno 1753 fino al 1771,* libro I, pag. 52. Nous sommes redevables
au R. P. Ligiez, de l'ordre des Frères-Prêcheurs, d'avoir pu parcourir les
mémoires si intéressants du père Lanza. Nous sommes heureux de pouvoir
remercier ici cet excellent religieux, de la complaisance qu'il a mise à répondre à nos questions multipliées, sur un pays qu'il connaît si bien.

aujourd'hui un mystère, que tant de travaux n'ont pu complètement résoudre Le Major Rawlinson s'est vu arrêté, au
milieu de ses succès, par des obstacles, que nul n'a encore
pu franchir et l'essai de grammaire composé par le savant
Oppert, au retour de son voyage, n'a pas convaincu toutes
les personnes, qui aiment à suivre les progrès de cette science. Des Européens, versés dans les langues sémitiques et per-
sanes, auraient des chances plus nombreuses de voir leurs
efforts aboutir à des résultats plus heureux, s'ils allaient
s'établir sur les lieux mêmes. Les missionnaires catholiques,
obligés à vivre dans l'Assyrie, au milieu de ces ruines, ne
pourraient-ils point fournir de précieux secours à ces études
et hâter, par leurs recherches, des conclusions certaines
qu'on attend avec impatience.

Les détails qu'on vient de lire, révèlent au moins en partie l'importance, que pourrait avoir dans l'avenir la Chaldée, lorsqu'elle aura été totalement ramenée à la foi catholique et rendue par elle à la civilisation, aux arts, aux sciences et aux lettres. Il est donc, par là même, extrêmement
opportun de subvenir à ses besoins actuels, pour réaliser,
dans le plus bref délai possible, toutes les espérances qu'on
peut fonder sur ce pays antique, pour en extirper le mal
et y implanter le bien, d'une façon solide, durable et glorieuse. Ce qui afflige tout particulièrement, en Chaldée,
c'est l'absence de ces institutions nombreuses, qui élèvent et fortifient les peuples, et sont, en quelque sorte aujourd'hui, l'instrument nécessaire et indispensable à tout
développement moral, intellectuel et social. Si les nations
ont été créées guérissables par leurs propres forces, avec l'as-
sistance ordinaire de la Providence, il n'en est pas moins

vrai que l'appui et le secours de leurs voisines, peuvent hâter beaucoup leur résurrection, en leur fournissant des moyens tout préparés d'amélioration et de progrès. C'est là
précisément, ce qui rend désirable l'intervention de l'Europe catholique dans les affaires de la Chaldée chrétienne. Ses
efforts seront infailliblement couronnés un jour d'un plein
succès ; mais les moyens qu'on adoptera peuvent avancer ou
retarder considérablement l'époque, où ces races infortunées
se relèveront de leur misère et de leur profonde décadence.
A force d'être vieilles, elles sont retombées dans l'enfance et
demandent à être traitées, comme telles, par les nations
plus heureuses, qui sont encore dans la fleur de la vie et possèdent en main le sceptre de la force et de la puissance.
Il faut communiquer à la Chaldée tous les grands résultats de notre civilisation chrétienne ; *des séminaires* pour
son clergé ; *de nombreuses écoles* pour ses fils ; *des corporations religieuses* pour initier toutes les classes, les plus
pauvres comme les plus aisées, à la connaissance des moyens
honnêtes, par lesquels les nations se développent et progres-
sent ; *des fondations industrielles* pour favoriser l'augmenta-
tion des produits du sol et lui procurer des ressources matérielles, qui favorisent le progrès moral et intellectuel des
nations ; *des administrations* enfin moins vexatoires, disposées
a protéger des sujets, qui grandissent et s'élèvent, au lieu de
les précipiter de nouveau, à chaque degré qu'ils franchissent,
dans l'abîme de la misère et par suite de l'ignorance et du
vice. Ce qui est surtout nécessaire, c'est de ne pas tarder
plus-longtemps de redonner un peu de sève et de vie à ce
peuple, au sein duquel de redoutables ennemis se créent
déjà des intelligences, pour l'absorber plus facilement un

jour, dans les limites démesurées de leur empire agrandi, en profitant des éternelles rivalités de l'Europe occidentale. Le Patriarche Nestorien reçoit les décorations et l'or de la Russie, bien connue pour ses excès de générosité intéressée ; elle commence à préparer le terrain, parcequ'elle croit entrevoir déjà l'époque, où ses troupes pourront pénétrer dans le Kourdistan, afin de le soumettre à ses lois. Malheur à la Chaldée, si elle n'est point prête au moment de cette lutte inévitable ! Toutes les sympathies de l'Europe occidentale ne pourraient la sauver, si elle-même ne sait, ni ne veut se défendre.

Puisse donc enfin ce malheureux pays, si digne d'intérêt à tant de titres, attirer les regards bienveillants du monde chrétien et voir se lever enfin l'aurore d'une brillante résurrection ! C'est à l'Eglise catholique qu'est réservé l'honneur de préparer et de promouvoir cette restauration. Seule, elle trouvera dans son sein des âmes, assez généreuses pour s'exiler de leur patrie, afin de travailler plus fructueusement aux progrès de la Chaldée chrétienne, parce qu'elle est aujourd'hui, pour ainsi dire, la seule à verser du sang pour de pareilles causes. Elle peut néanmoins compter sur l'appui et l'influence politique des pouvoirs du siècle, qui, par sympathie ou au moins par intérêt, ne refuseront pas de coopérer à une si belle œuvre. L'Occident se leva un jour tout entier au cri de *Dieu le veut* ! pour délivrer le tombeau du Christ et arracher le St Sépulcre aux plus indignes outrages. Appuyée sur le fer de la lance, sur un métal considéré, dès l'origine du monde, comme homicide et destructeur, l'Europe exécuta de gigantesques entreprises, d'abord avec succès, toujours avec gloire, et arracha l'Orient à la domination musulmane, pour un temps, qui fut hélas! de trop courte durée. Huit siècles se sont écoulés depuis, apportant des modifications profondes aux relations internationales des peuples. Le tombeau du Christ n'est plus aussi abandonné qu'autrefois; une garde d'honneur, la garde du sacerdoce veille autour de lui, mais, si le tombeau du Christ est environné de respect, d'hommages et de vénération, le berceau de l'humanité demeure encore profané. Ne serait-il point réservé à notre siècle de le délivrer à son tour, au cri de *Dieu le veut,* en s'appuyant, non plus seulement sur le fer de la lance ou le bronze du canon, mais sur les rails des voies ferrées, sur les puissantes hélices, qui fendent rapidement les flots, sur le fil des télégraphes, qui supprime les distances, en un mot sur le fer transformé et devenu un des premiers éléments de la civilisation moderne? Il est permis de concevoir cette espérance, et il ne sera pas dit que le pays, qui vint le premier saluer et adorer le Christ, a été aussi le premier à perdre et le dernier à recouvrer les immenses bienfaits, que sa naissance apporta en ce monde! *Ecce magi ab Oriente venerunt Ierosolymam dicentes:... vidimus stellam eius et venimus adorare eum* (Matth. II, XI, 1, 2).

# III.

## QUELQUES RÉFLEXIONS

# SUR L'ORIENT CHRÉTIEN

# III.

## QUELQUES RÉFLEXIONS SUR L'ORIENT CHRÉTIEN

Les quelques réflexions sur l'Orient chrétien et sur les missions de l'Eglise catholique dans ces régions, par les quelles nous terminons cette brochure, en forment à nos yeux la partie *la plus importante* parcequ'elle est la plus *pratique*. Il ne suffit pas en effet, de *connaître* les besoins et de *vouloir* le bien d'un peuple; il faut encore *savoir* adopter les moyens les plus faciles et les plus sûrs de lui procurer des secours, et pour cela, chercher ce qui peut réaliser le plus promptement nos espérances. Nous voudrions précisément, au sujet et à l'occasion de la Chaldée, présenter aux personnes qui suivent avec intérêt les progrès du Catholicisme, quelques idées sur la manière et sur les moyens de rallier fortement la chrétienté orientale à l'Eglise-mère, en lui rendant sa vigueur antique. Elles ne concernent pas uniquement la contrée que nous avons eue sous les yeux jusqu'à ce moment; mais elle semble encore plus apte à les suggérer, qu'aucune autre Eglise d'Asie. Du reste, nous ne la perdrons pas de vue, et ceux qui nous lisent retrouveront fréquemment, dans ces pages, le souvenir de sa première splendeur et de son ancienne importance.

Ce nouvel examen, que nous proposons, ne fut jamais plus opportun et plus nécessaire que de nos jours. Quand faudra-t-il, en effet, chercher les moyens les plus aptes à ramener tant de frères égarés, si ce n'est pas au moment, où l'Orient et l'Occident s'ébranlent, pour marcher vers un avenir inconnu sans doute, mais dans lequel tous aiment à entrevoir des modifications profondes, radicales, suivies d'heureux rapprochements dans leurs mutuelles relations? Pourrait-il être oiseux encore l'examen, qui doit montrer, si les transformations, qui se préparent, au moment même où nous écrivons, ont des chances de tourner au profit ou au détriment de l'Eglise? Nous ne l'ignorons pas; depuis plusieurs siècles, le problème de la *réunion* des Eglises d'Orient et d'Occident a été posé, étudié, discuté et résolu. Nous accorderons même, si l'on veut, qu'il l'a été aussi bien, aussi sagement qu'il pouvait l'être alors; mais tout le monde sait aussi, que les circonstances de temps, de mœurs et de personnes exercent une profonde influence sur la vie des peuples, et changent tellement leur état, que des éléments fauteurs de la civilisation, de la culture intellectuelle, il y a trois siècles, peuvent avoir disparu, ou même être devenus aujourd'hui une entrave réelle au développement moral des nations. Appuyés sur cette vérité incontestable, nous ne croyons pas *oiseux* l'examen proposé; nous espérons même, qu'il pourra provoquer une solution plus juste en elle-même, plus réalisable quand aux moyens, et par là plus utile à la Chaldée et à l'Eglise toute entière. Notre siècle est assurément un de ceux qui honorent le plus l'esprit humain. Des découvertes, qui font époque dans l'histoire des peuples, abrègent ou suppriment en quelque sorte les distances. Deux pays, situés aux extrémités de l'univers, ne se sentent plus éloignés l'un de l'autre; ils sont ou seront bientôt, pour ainsi dire, voisins. *L'isolement,* toujours funeste aux peuples, cesse de jour en jour, si l'on excepte quelques nations moins favorisées de la Providence, et encore, elles ne seront pas délaissées longtemps. Le fanatisme, qui est partout, mais principalement en Asie, un des plus grands obstacles à la diffusion rapide et durable de la vérité chrétienne, commence à s'éteindre, grâce au frottement et au contact des races qui se mêlent et se compénètrent.

On comprend déjà, combien il importe à l'Eglise et à l'Europe catholique de profiter de ce qu'il y a de bon, dans ce qu'on appelle progrès et civilisation moderne, pour venir en aide à l'Asie chrétienne, pour la relever de son profond abaissement, en la rattachant par son retour à la foi, au grand foyer des intérêts communs à tous les fidèles, aux grands centres de la civilisation européenne, et lui ouvrir ainsi un avenir plus consolant et plus glorieux. C'est pourquoi, il est indispensable que l'Eglise fasse accepter son intervention salutaire par des populations désaccoutumées à lui obéir, afin qu'elle produise tous les fruits qu'on peut en espérer. Nous déplorerions, et tout le monde certes déplorerait avec nous, que les efforts, qu'elle a faits et fera encore, demeurassent ou complètement inutiles ou du moins sans résultat appréciable. Nous déplorerions plus particulièrement, et tout le monde déplorerait avec nous, que les sympathies si généralement réveillées pour tous les rites orientaux, en ces derniers temps, restassent stériles à l'égard de la Chaldée catholique et n'apportassent aucune modification heureuse au malheureux sort de cet

infortuné pays, qui, plus que d'autres, mérite, par ses souvenirs antiques et saints, de fixer l'attention de ceux qui veulent le déploiement de la religion sur toute la surface du
globe. Après ce préambule, nous arrivons au cœur de la
question, en soulevant encore une fois un problème, devenu
nouveau par une ancienneté qui l'a fait perdre de vue: *Quel
serait le moyen le plus facile de ramener l'Orient, et en particulier l'Asie occidentale, à la foi catholique, et par la foi catholique, à la prospérité dont elle jouit autrefois?*

Nous désirons être si clairs et si simples en même temps,
que les personnes les moins initiées à ces graves sujets, puissent suivre le développement de nos idées, le comprendre
et nous donner leur assentiment, en pleine connaissance de
cause. Or, pour résoudre ce problème avec ordre, métho-
de, et clarté, trois choses semblent indispensables. Il faut:

I. *Examiner les moyens adoptés jusqu'à ce jour;*

II. *Découvrir les causes pour les quelles ils ont peu ou point
réussi.*

III. *Chercher enfin à élaguer ces causes et à prendre d'autres moyens, qui aient tous les avantages des premiers, si c'est
possible, sans en avoir les inconvénients.*

## I.

Nous avons dit plus haut, comment il s'est fait que du VI⁵
au XI^e siècle, l'Orient et l'Occident vécurent presque totalement séparés. Ce n'est même qu'à partir de la première
moitié du XIII^e, que la Chaldée put être visitée par quelques
missionnaires et par quelques voyageurs. Il y avait toutefois plus de cent ans, que les contrées plus voisines de la

mer ressentaient l'influence salutaire de l'intervention de
l'Europe chrétienne. Il est impossible que cette intervention
n'ait pas eu quelque écho au fond de la Chaldée et de la
Perse ; mais aujourd'hui, à la distance des temps et des
lieux, on ne peut en saisir les traces, surtout dans un pays
si dépouillé hélas! de ses glorieux monuments.

Vers la fin du XI<sup>e</sup> siècle, un moine picard a pu arriver
enfin à travers mille périls, jusqu'au tombeau du Sauveur ;
il a contemplé le sépulcre de Jésus-Christ déshonoré, les
temples profanés, les églises détruites, les chrétiens captifs
et gémissants sous le joug de la plus dure servitude.... Ce
moine s'appelle Pierre l'Ermite. A peine a-t-il de nouveau
franchi les mers, il se met à dépeindre le spectacle, qu'il
a eu sous les yeux, avec cette éloquence qui entraîne les
âmes, et l'Europe répond à sa voix par un sublime cri de
douleur. Urbain II, au Concile de Clermont en Auvergne,
prend à cœur d'exécuter les plans d'un de ses prédécesseurs les plus illustres ; il raconte à l'élite de l'Europe ras-
semblée autour de lui, les malheurs et les gloires de la Palestine : « La terre où s'est levé le soleil de la vérité, où le
« fils de Dieu a daigné vivre, où il a enseigné et souffert,
« où il est mort et ressuscité après avoir accompli l'œuvre
« de la rédemption, cette terre sacrée est tombée aux mains
« des gentils. Le temple de Dieu a été profané ; les saints
« ont été tués, et leurs corps sont devenus la proie des bêtes ;
« le sang des chrétiens a coulé comme de l'eau dans Jérusa-
« lem et autour de ses murs, et nul ne vient les ensevelir [1]. »

---

[1] Wilhelmus tyrius *Hist. belli sacri*, lib. I; Alzog *Histoire Eccles.* t. II,
pag. 285.

Ces paroles furent accueillies avec un enthousiasme, qui
n'a pas eu encore son égal. Guidée et conduite par l'Eglise Romaine l'Europe s'élança sur l'Asie au cri de « *Dieu
le veut !* » Elle n'épargna rien et ne recula devant aucun
sacrifice. Jusqu'à ce jour elle avait donné des larmes, maintenant elle va donner du sang, de l'or, des légions de héros et de martyrs ! L'Europe, pleine de reconnaissance pour
l'Asie, où naquit l'humanité et où mourut Jésus-Christ,
brûlait de mettre un terme à ses malheurs, à ses souffrances et surtout à cette oppression musulmane, qui l'avait
menacée, elle aussi autrefois, lors qu'elle fut sur le point
de tomber toute entière dans l'Arianisme.

Nous ne pouvons nous empêcher de signaler ici à l'attention un des faits les plus frappants et les plus remarquables de l'histoire, en esquissant à grands traits la manière,
dont la providence a voulu châtier l'hérésie arienne et ses
deux filles l'hérésie nestorienne et l'hérésie eutychienne.
Tous les peuples en effet, qui ont été infectés de ces erreurs, ont eu à subir, à quelque époque de leur vie, les
invasions et l'oppression musulmane. L'Arianisme régna
surtout en orient, où il laissa des traces, qui n'ont pas
été encore pleinement effacées ; il s'avança jusqu'à Vienne,
n'épargna point l'Espagne, et chercha même quelque temps
à s'établir dans les Gaules. Or, qu'est-il arrivé ? C'est que
l'Islamisme a passé par tous ces pays, qu'il y a, en quelque sorte, possédé le sceptre et la puissance, en raison di-
recte, si l'on peut s'exprimer ainsi, des traces que l'hérésie y avait laissées. Tous les peuples barbares, qui ont
embrassé l'Arianisme, n'ont pas eu de durée et de vie ; ils
sont morts à peine nés et ont trouvé leur tombe dans leur

berceau. Il n'est personne, qui ne reconnaisse, sous ces traits généraux, les Vandales, les Visigoths, les Ostrogoths, les Alains et les Burgondes.

La domination musulmane a été généralement assez courte en Europe, si l'on en excepte Constantinople, la cité mère ou fautrice de toutes les hérésies. L'Asie, plus coupable que l'Europe, expie depuis douze siècles ses égarements, ses défections, ses lâches apostasies, provoquées par les erreurs et les impiétés, les mensonges et les blasphèmes d'Arius, de Nestorius et d'Eutychès. L'infortunée Chaldée a souffert plus encore que le reste de l'Orient. Serait-ce que le Nestorianisme, en y établissant de bonne heure son empire, qui fut prospère, durant de longs siècles, et qui n'a pas encore totalement disparu, y a desséché plus qu'ailleurs la sève des sentiments catholiques? La main de Dieu ne semble pas encore lasse de s'appesantir sur ce peuple, dont l'histoire nous rapproche des origines du monde, et c'est à peine, si, depuis quelques années, le joug musulman a commencé à modérer ses rigueurs. Cet adoucissement, apporté aux infortunes de la Chaldée, est dû surtout à la bienveillante intervention de la France, dont on ne peut raisonnablement contester la glorieuse mission providentielle. Un regard jeté rapidement sur son histoire suffit pour montrer en effet, que Dieu a voulu l'opposer comme une digue, aussi bien aux flots de l'Islamisme qu'à ceux de l'hérésie arienne. L'épée, qui, dans les mains de Clovis, premier roi chrétien de race franque, tailla en pièces à Vouglé (507) les phalanges ariennes des Visigoths, sut aussi plus tard, dans les mains de Charles-Martel, arrêter sur le même champ de bataille (732) les hordes sarrasines, dont les triomphes, par une coïncidence plus que fortuite, devaient venir expirer, dans les Gaules, là même, où l'Arianisme avait trouvé la mort. Le petit fils de Charles-Martel, Charlemagne, continua les traditions de ses aïeux et de son pays, refoula les sectateurs de Mahomet au fond de l'Espagne et fonda ce glorieux protectorat, que la France a toujours exercé depuis sur l'Orient chrétien. Les Croisades nous ont donné de nouveaux droits à cette noble prérogative. Elles ont été, sans doute, des expéditions catholiques, mais on ne saurait nier aussi, qu'elles aient été spécialement des expéditions françaises. Pour ne parler que de la première, c'est Pierre l'Ermite, un français, qui la prêche; c'est Urbain II, un Pape français, qui la décide; c'est au concile de Clermont, une ville française, qu'elle est proclamée; c'est Godefroi de Bouillon, encore un français, qui la commande, et qui, par sa piété et sa vaillance, obtient la gloire d'être le fondateur du nouveau royaume de Jérusalem.

Ces joûtes brillantes, que la civilisation soutint en Orient, du XIe au XIIIe siècle, contre la barbarie, étaient très-opportunes et auraient pu produire les plus heureux effets, si Dieu eût voulu les couronner d'un succès plein et entier. La Chaldée et les pays avoisinants, étaient alors opprimés plutôt que gouvernés par les Arabes et les Turcs, qui commençaient déjà à menacer sérieusement l'empire byzantin, en étendant peu à peu les limites de leur domination vers les rives du Bosphore. Les diverses sectes chrétiennes gémissaient sous la tyrannique oppression des races musulmanes. C'étaient vers le Nord, depuis le Taurus jusqu'aux pieds du Caucase et aux frontières de la Perse, les Armé-

niens disséminés au milieu des autres nations, comme ils
le sont encore aujourd'hui, mais conservant toujours leur
vigoureuse nationalité ; c'étaient les Maronites, qui occu-
paient le Liban leur mère-patrie ; c'étaient les Jacobites,
qui peuplaient la Comagène, la Syrie et avaient même de
nombreux adhérents dans la Mésopotamie; c'étaient enfin,
les Nestoriens qu'on rencontrait en Perse, en Médie et
plus spécialement dans la Chaldée. Ces deux dernières sectes étaient les plus florissantes ; elles avaient atteint déjà
l'apogée de leur gloire et ne devaient pas tarder long
temps à entrer dans la période si triste de leur rapide et
profonde décadence. Athanase Bar–Camoré gouvernait les
Jacobites et résidait à Antioche ; son patriarcat fût long
et même environné d'un certain éclat, qui eût été plus
grand, et surtout plus réel, plus vrai, moins trompeur, s'il
se fût réuni, avec toute sa secte, à l'Eglise d'Occident.
(1090–1118). Jean Saliba, Maphrien ou métropolitain de
Tagrit, administrait les Jacobites de la Chaldée et de la
Perse (1075–1106). Les Nestoriens avaient pour patriarche
Makika, ancien métropolitain de Mossoul (1093–1110).

Telle était la situation de l'Asie occidentale, à l'époque
dont nous parlons, lorsque l'Europe catholique commença
les Croisades. On peut dire, en thèse générale, que pour
sauver et ramener l'Orient, l'Eglise a fait appel à toutes les
ressources, selon les divers temps. Tout fut tenté, dans la
mesure et avec toute l'énergie, dont les puissances chrétiennes étaient capables, dans les différents siècles. Les moyens
employés ont été multiples ; mais quelque nombreux qu'ils
paraissent, ils peuvent être réduits à trois, si on les considère dans leurs grandes lignes et sous des aspects géné-

raux. L'Europe a envoyé en Asie des *armées, des mission-naires, des évêques;* des évêques pour fonder la hiérarchie latine, la greffer sur la souche orientale vieillie, afin d'y faire circuler la vie de l'Eglise mère presqu'entièrement épuisée; *des missionnaires,* pour y établir des prédications et des écoles, capables de devenir les foyers, où vien-draient se rallumer peu à peu les lumières à demi-éteintes des vérités chrétiennes, dans l'espoir qu'elles rayonneraient un jour jusqu'aux confins de l'Inde et même jusqu'aux extrémités de la Chine; *des armées,* pour constituer sur le sol tourmenté de l'Asie, des royaumes puissants et chré-tiens, destinés à être les avant-postes de la civilisation, à servir de digue aux flots montants de l'Islamisme, à gar-der le tombeau de Jésus-Christ, à étendre au loin le règne de la Croix, en ramenant à l'unité catholique de nombreu-ses populations, qui s'en étaient malheureusement séparées, dans des temps de trouble, de désordre et de confusion. L'Europe enfin a envoyé ces armées, ces missionnaires et ces évêques, pour arracher le St. Sépulcre à la tyrannie musulmane, pour arborer l'étendard de la croix sur la cime du Calvaire, et afin de tout dire en un mot, pour sous-traire à l'hérésie ces contrées où fut le berceau du genre humain, l'hérésie ayant été la faute, dont l'Islamisme est encore hélas! le triste châtiment.

Voilà le théâtre, voilà le but, voilà les moyens de ces glorieuses expéditions, qui ont été huit fois renouvelées, dans l'espace de deux siècles; des tentatives de tant de rois, qui, préférant leur qualité de chrétien aux sceptres les plus il-lustres, ne dédaignaient pas de mettre leur épée au service de la Croix et de l'Eglise; des efforts civilisateurs de tant de Papes, qui, après la défaite des armées, ont espéré dans la milice spirituelle et envoyé en Asie ces légions d'apôtres, dont les labeurs ont plus fait pour la civiliser que les armes des plus grands potentats de la terre. Tel est enfin le théâtre et le but des travaux ingrats de tous ces missionnaires, qui se sont généreusement obstinés à demeurer sur le sol de l'Orient, pour y tenir haut l'étendard de la foi, *in signum fidei*! et servir de centre de ralliement à toutes les âmes d'élite, que la grâce de Dieu ramènerait à la vérité et à la vie.

Or, quels étaient les auxiliaires de ces armées, de ces missionnaires, de ces évêques?

Ils avaient d'abord l'Europe catholique toute entière, qui les accompagnait de sa puissance morale, la France surtout, l'Italie, l'Allemagne, même l'Angleterre, alors encore fille et mère des saints! Tous ces pays envoyaient en Asie leurs guerriers les plus valeureux, l'élite de leur noble chevalerie, en les accompagnant d'immenses secours matériels, pour conquérir les âmes à Jésus-Christ, bâtir et restaurer les temples, fonder ou continuer les institutions utiles à la résurrection de l'Orient. Ils avaient pour auxiliaires des milliers de chrétiens brutalement asservis et opprimés, qui saluaient déjà en eux des frères et des libérateurs ; des nations, qui, les regards tournés vers les contrées d'outre-mer, espéraient que l'Europe les aiderait à reconquérir, avec leur indépendance, leur dignité première, et leurs antiques splendeurs.

Quel a été cependant le résultat de tant d'efforts, de tant de sacrifices, de tant de sang versé, de tant de trésors épuisés? – Ces résultats les voici: les armées européennes ont depuis longtemps déjà abandonné le sol de l'Asie, laissant derrière elles un renom de courage et de bravoure, qui fait

encore trembler l'habitant de ces contrées lointaines, au
seul nom de *Franc*. Dès la fin du XIII<sup>e</sup> siècle (1291),
St. Jean-d'Acre ou Ptolémaïde, dernier boulevard des croi-
sés, tombait entre les mains des infidèles; les latins repre-
naient le chemin de leur patrie, après avoir déposé dans
les îles, situées sur leur route, les restes décimés des ordres militaires, pour protéger à Chypre une ombre de royaume chrétien et n'emportaient avec eux que la tristesse
inséparable d'un glorieux échec!

Les évèques latins se sont vus obligés d'abandonner un
sol, qui les repoussait. Ils ont eu pourtant l'insigne consolation de ramener une partie des Arméniens (1145) à l'E-
glise Romaine [1]; mais si on fait abstraction de cette union,
ils n'ont conservé de ces tentatives que l'honneur d'avoir
rétabli momentanément ou fondé quelques uns de ces sièges
épiscopaux, dont les titres suffisent à eux seuls, pour cara-
ctériser le déplorable insuccès de tant d'efforts. On les appelle des sièges *in partibus infidelium*, et leurs successeurs
sont des évèques, dont les anciennes ouailles sont infidèles
ou soumises aux infidèles!

A Dieu ne plaise cependant, qu'il faille regarder les
croisades, comme absolument stériles! Non, ce fut un généreux cri de foi, qui a eu un solennel retentissement sur
toute la terre, une prière ardente, que répètent encore les
échos des cieux, et la Providence saura bien, au moment

1 Quelques auteurs prétendent, mais à tort, que les Maronites se seraient réunis vers cette époque à l'Eglise Romaine, après avoir professé
l'hérésie monothéliste. Cette opinion est victorieusement combattue par
Pagi Annal. ad. ann. 635, n. 13; Assémani B. O. t. I. 507, 524; le Sy-
node du Liban tenu en 1736; Benoît XIV, etc.

voulu, faire germer enfin la semence de christianisme confiée aux plaines désolées de l'Asie par tant de héros et de
martyrs, qui les fécondèrent de leur sang. Il y a mille raisons d'espérer aujourd'hui, qu'une abondante moisson se
prépare pour l'avenir et que l'Eglise ne tardera pas à recueillir dans la joie ce qu'elle a semé dans les larmes.
L'Europe pourrait bien d'ailleurs, pour hâter cette résurrection, reprendre encore, s'il en était besoin, avec ses armées,
le chemin de l'Orient et y porter, avec sa civilisation, la
foi chrétienne, qui en a été et en sera toujours le principal, sinon l'unique instrument.

Quand aux missionnaires, plus heureux que les armées
et que les évêques, ils ont pu demeurer en Asie jusqu'à
nos jours, quoique au milieu de beaucoup de périls. A partir du XVI⁰ siècle, quelques uns ont pénétré même jusqu'à
l'infortunée Chaldée, trop éloignée jusqu'ici de l'Europe
catholique. Ils ont continué à soutenir ainsi vaillamment
l'œuvre, qu'ils avaient commencée de concert avec les armées
et les évêques de l'Europe; ils ont arrosé de leurs sueurs
et quelquefois même de leur sang, ce sol, qui semblait
trop, jusqu'à ces derniers jours, devoir demeurer ingrat et
stérile, en punition de ses infidélités antiques et de ses dé-
sobéissances séculaires. Quelques succès sont venus, de loin
en loin, raviver leurs espérances, ranimer leur courage dé-
faillant; mais ils n'ont recueilli le plus souvent que la défiance, la jalousie et la haine de ces chrétiens malheureux
et dégradés, de ces chrétiens, qui auraient dû cependant,
baiser en quelque sorte, les traces de leurs pas.

En résumé, tel a été le résultat de huit siècles d'ef-
orts continus, quoique divers dans leurs manifestations,

suivant les époques. L'Europe, à la suite de mille sacrifices demeurés presque totalement stériles, ne se voit pas sans une certaine amertume, obligée de recommencer tous les jours l'œuvre de son apostolat. L'Orient est devenu, pour elle, un objet de préoccupations politiques et religieuses incessantes, qui troublent continuellement son repos; une source inépuisable d'orages et de tempêtes, qui menacent à chaque instant sa paix et celle du monde, paralysant ainsi d'une manière sensible la diffusion des nombreux bienfaits, que nos pays chrétiens, plus heureux et plus civilisés, voudraient faire partager au reste de l'univers. Le seul nom de ces contrées lointaines fait vibrer douloureusement les fibres de nos coeurs, en nous rappelant ces jours néfastes, où l'Eglise se vit forcée de combattre non seulement ses ennemis naturels, les musulmans, mais encore ses protégés, les chrétiens, qui, orthodoxes ou hérétiques, avaient tourné contre elle les armes qu'elle avait replacées entre leurs mains!... En présence de ces faits, son amertume s'explique, sa tristesse s'excuse!

Après quelques jours de confiance, sous le règne de Godefroi de Bouillon; d'illusions brillantes, sous la valeureuse intervention de Philippe Auguste, de Richard Coeur de-lion, de Conrad IV duc de Montferrat; après quelques jours d'espérance, sous le pontificat actif et sage d'Innocent III; de brillants triomphes suivis de glorieux revers, sous l'auréole de St. Louis, la chrétienté d'Asie est retombée anéantie, épuisée par ses propres efforts, sous le joug de l'islamisme devenu plus pesant et plus cruel. Les diverses sectes hérétiques de l'Orient, qui promettaient toutes de rentrer bientôt dans le giron de l'Eglise, dont elles étaient sorties, ont

perdu le peu de sève qu'elles avaient conservé jusqu'a-
lors. À partir des croisades, leur décadence est devenue
plus rapide, et toute la sollicitude des missionnaires européens n'a pu suffire à en arrêter le cours. C'est même à peine, s'ils ont pu sauver quelques épaves! Seuls, à partir
du XIVᵉ siècle, quelques moines isolés ont continué à parcourir l'Asie; à force de labeurs et de sacrifices, ils sont
parvenus à convertir quelques sectaires malheureux et per-
sécutés; mais, ces noyaux de catholiques, qui, à l'heure
qu'il est, subsistent çà et là, ne sont plus « qu'un corps
« qui s'éteint, qui a bien encore un souffle, qui n'est pas
« tout-à-fait mort, mais qui ne vit pas de la vie puissante et
« glorieuse du Christianisme en Europe. Partout on voit la
« pauvreté, la misère, la timidité, la crainte, l'abaissement
« et malheureusement aussi trop souvent l'abjection [1]. »

Ces résultats, tout tristes qu'ils sont en eux-mêmes, le
paraissent davantage, quand on les compare aux succès relativement considérables, que les missions catholiques ont
obtenus dans d'autres pays. Quelques années de paix et de
liberté suffirent au XVIIᵉ siècle, pour constituer à la Chine
et au Japon des églises florissantes; on en a retrouvé récemment les restes, après deux siècles de persécutions telles, que l'histoire ecclésiastique en offre heureusement peu
d'exemples. Les Indes, l'Afrique et les îles de l'Océanie
renferment quelques chrétientés prospères. L'Amérique surtout fait entrevoir déjà de nombreuses conquêtes, qui dé-
dommageront largement l'Eglise des sacrifices qu'elle a faits
pour elle. Aux Etats-unis, le catholicisme est vigoureux, plein

---

1 R. P. Chéry, *Appel à l'Eglise Russe et à l'Eglise Anglicane.*

de force et de vie, et cependant, il n'y a pas encore soixante-dix ans, qu'on y comptait à peine deux évêques missionnaires et quelques prêtres.

## II.

En présence de tels faits, on ne saurait considérer comme *oiseux* l'examen des causes, qui ont fait éprouver d'u-
ne part des échecs aussi affligeants, et qui de l'autre, ont
produit des effets sensibles dans le présent et pouvant devenir féconds dans l'avenir. Le contraste, que nous venons
de signaler, entre les heureux résultats des missions et des
vicariats apostoliques, dans l'Afrique, dans les Indes, dans
la Chine, dans l'Océanie et pardessus tout dans l'Amérique
du Nord, et les tristes insuccès des missions latines chez les
orientaux, sont trop frappants et trop extraordinaires, pour
ne pas inspirer le désir d'en rechercher toutes les raisons.
Elles sont nombreuses; chacune d'elles a eu suivant les
temps, les lieux, les personnes, etc. une influence plus ou
moins grande, sur l'issue défavorable des missions de l'A-
sie occidentale. C'est sur elles que nous voulons fixer do-
rénavant l'attention, pour chercher à découvrir les moyens de les rendre désormais plus fructueuses et pour les
âmes et pour l'Eglise.

Si l'on fait abstraction de l'influence et de la pression
diplomatique, que les puissances européennes pourraient e-
xercer sur le gouvernement turc et sur les populations orientales, aussi bien en faveur de l'Eglise que des intérêts matériels, les missions semblent devoir demeurer longtemps encore, comme elles l'ont été depuis des siècles, le principal

et le plus efficace moyen d'intervenir dans ces régions lointaines, afin de leur communiquer les avantages nombreux de la civilisation catholique. C'est pourquoi, nous laissons de côté le tumulte des armées, la pompe inséparable des hiérarchies épiscopales de l'Occident, pour fixer nos regards sur les missionnaires, dont l'action modeste et pénétrante est parfois plus rapide que celle des jurisdictions ecclésiastiques régulières, organisées dans des pays encore mal préparés à recevoir leurs bienfaits.

Néanmoins cette tâche, que le missionnaire semble seul pouvoir entreprendre, rencontre même dans ses mains, des difficultés, qu'à première vue l'on croirait insurmontables. L'oppression musulmane, sa persécution toujours latente, quelquefois ouverte, l'éloignement de l'Europe et du centre de l'unité catholique, l'affaiblissement de l'esprit chrétien, la perte des traditions catholiques, la faiblesse et les défaillances de caractère, qui accompagnent souvent le schisme et l'hérésie, comme conséquences naturelles ou comme châtiment voulu par la providence, etc. voilà des causes, qui ont contribué beaucoup à neutraliser jusqu'à présent, et menacent de neutraliser encore, dans l'avenir, les efforts des apôtres modernes de l'Orient chrétien. Nous n'examinerons point les obstacles, que les conquêtes du catholicisme rencontrent parmi ces peuples, comme ailleurs, parcequ'on peut y appliquer les remèdes qui ont aidé à les vaincre en d'autres pays. C'est en dehors des difficultés qu'on retrouve presque partout, qu'il faut chercher la raison dernière du peu de fruit, qu'ont porté jusqu'à nos jours les missions de cette partie de l'Asie.

Quelques uns attribuent aux vices répandus parmi les populations orientales, cette stérilité déplorable. Les détracteurs des chrétiens d'Asie prétendent que ces races sont vénales, fourbes, indignes de créance, qu'elles se servent enfin de leurs malheurs, pour exploiter la charité chrétienne. Nous ne voulons pas nier que les peuples d'Orient n'aient contracté, dans les abjections de leurs infortunes, toutes sortes de vice ; nous admettons même, si l'on veut, que, dans leur vie publique, ils en ont plus que les Européens, lesquels certes, n'en sont pas absolument dépourvus. Il n'y a rien en cela, qui doive nous étonner ; ce qui pourrait plutôt nous surprendre, c'est que ces peuples disgraciés n'en aient pas davantage. Aussi, loin de trouver étrange que ces nations malheureuses se soient créé de tristes habitudes, sous le joug infâme du croissant, nous sommes touchés qu'elles aient encore un peu de vertu et même beaucoup de ces qualités précieuses, qui permettent d'espérer une brillante résurrection, du jour où le catholicisme pourra les doter des nombreuses institutions qui leur manquent. On a vu à quel affreux régime est soumise encore la Chaldée chrétienne, même après les concessions obtenues par l'influence française, messagère et tutrice de tous les principes civilisateurs, dans ces pays malheureusement trop éloignés de nous. Si la Providence permettait, que, n'importe quel pays d'Europe soit broyé, comme la Chaldée le fut, pendant douze siècles, par les guerres, les invasions de tous genres et une domination turque, pire à elle seule que tout le reste, croit-on qu'il aurait moins de vices ? Est-il sûr qu'il aurait plus de vertus ?... Les études scientifiques, les relations des voyageurs, les récits

des évêques, des religieux et d'autres personnes du pays venues en Europe, sont faits pour donner la conviction que
ce n'est point, par un mépris blessant, par des reproches
durs, des récriminations offensantes, un éloignement dédai-
gneux, une irritation violente à peine déguisée sous les dehors d'une feinte compassion, enfin par des paroles acé-
rées qui aigrissent des coeurs déjà trop éprouvés, qu'on
pourra exercer sur ces peuples une influence moralisante,
et en extirper peu à peu ces vices, qu'un effroyable despotisme a dû engendrer, comme toute cause de décomposi-
tion amène la pourriture  Nous sommes persuadés au contraire, qu'il n'y a pratiquement qu'une seule chose à
faire, pour relever ces peuples malheureux : c'est de les
rappeler lorsqu'ils s'éloignent, de les poursuivre lorsqu'ils
s'égarent, de les embrasser lorsqu'ils reviennent ; c'est
de les fortifier lorsqu'ils faiblissent, de les soutenir lorsqu'ils chancellent, de les relever lorsqu'ils tombent ; c'est
d'être indulgent pour leurs fautes, résultant de la faiblesse
ou de l'ignorance, de leur pardonner lorsqu'ils se trom-
pent, de les encourager lorsqu'ils font bien ; c'est enfin de
les aimer !... de les aimer, mais de cet amour que Jésus-
Christ légua à son Eglise, pour être à la fois et sa plus
noble prérogative et son arme la plus invincible. Lorsqu'il
confia au grand apôtre Pierre son glorieux principat sacré,
il ne lui demanda point s'il avait reçu la sagesse ou la
science en partage; mais il lui dit ces simples paroles:
« Pierre m'aimez-vous » *Simon Ioannis diligis me* 1?

1 Ioann. c. XXI, 15.

Cette question fut renouvelée par trois fois, et trois fois Pierre répondit : « *Vous savez, Seigneur, que je vous aime,* » et trois fois encore le Sauveur donna à son disciple la mission de paître ses ouailles : *Pasce oves meas !* Cette triple question, suivie d'une triple et identique réponse, d'une triple et identique collation de pouvoir, a toujours paru renfermer un sens des plus mystérieux et des plus sublimes. Jésus-Christ n'aurait-il point voulu dire à son vicaire?
« Pierre, puisque tu aimes ton maître d'un amour ordi-
« naire, pais d'abord les brebis dociles au milieu du cal-
« me et de la paix, pais les brebis, qui te consoleront
« par leurs progrès dans la vertu ; mais puisque tu aimes
« encore ton Dieu d'un amour plus qu'ordinaire, pais aussi
« les brebis rebelles et indociles ; pais les au fort des ora-
« ges et des tempêtes, alors qu'elles s'éloigneront de toi,
« alors qu'elles dédaigneront et tes soins et tes marques de
« tendresse; puisque tu aimes enfin ton Seigneur d'un amour
« héroïque et excessif, pais, ô Pierre, pais non seulement
« les ouailles dociles, pais non seulement les ouailles re-
« belles, pais aussi les ouailles qui te persécuteront, qui
« tourneront contre toi tes propres bienfaits, qui chercheront
« à entraver ton ministère pacifique et libérateur du monde,
« pais enfin les ouailles qui lèveront contre ton sein le fer
« meurtrier du plus ingrat parricide. »

Ce triple amour n'a jamais manqué à l'Eglise; jamais il n'a abandonné Pierre. Au moment où ces pages s'écrivent, l'univers, qui a les regards fixés sur Rome, voit resplendir d'un nouvel éclat cette charité ardente dans Pie IX. Héritier des Pontifes, dépositaire de la puissance et des promesses de Jésus-Christ, l'immortel vieillard du Vatican, à

la vue de ces infâmes sicaires, ramassés dans tous les bagnes d'Italie et d'Allemagne, pour assassiner la plus noble
et la plus héroïque de toutes les armées, oublie ses ennemis
terrassés, et ne songe qu'à rendre à ces êtres dégradés
la vertu qu'ils ont indignement trahie et méconnue. Telle
est l'arme de l'Eglise! C'est l'amour qui explique et son
obstination à sauver les âmes et ses nombreux triomphes
et ses magnifiques conquêtes. C'est l'amour, qu'il faut employer aussi, pour arracher l'Orient à ses erreurs et le retirer de sa profonde abjection.

Nous citerons ici volontiers les paroles d'un écrivain
russe, en les mettant au nombre des plus sages, et des
plus chrétiennes que nous ayons lues sur ce sujet. « Tous
« les vices des Orientaux, dit cet auteur, sont dûs à leur
« asservissement ; mais en admettant même, que les vices
« qu'on leur reproche soient innés dans ces races, est-ce
« à nous qu'il appartient de les leur reprocher ?.... Pre-
« nons leur infortune en légitime pitié, dispensons d'une
« main libérale les secours matériels et les trésors de la foi
« à ceux qui nous appellent et que nous pouvons atteindre.
« *N'attristons pas des cœurs qui ont déjà tant de motifs*
« *de découragement !* [1] » On ne devrait point s'étonner de
recueillir, sur les lèvres d'un schismatique et d'un Russe,
des paroles fortement empreintes de compassion et de charité. Pour trouver quelques accents vraiment sympathiques
à l'Orient, il ne faut pas recourir à l'inspiration ; il suffit
d'avoir au fond de sa poitrine, un cœur d'homme, c'est-à-

[1] Philippof, *Ruski Viestnik*. Moscou, août 1862, cité par Mr. le Baron
d'Avril dans *la Chaldée chrétienne*, p. 46.

dire, ce quelque chose que tout le monde comprend et qui vibre à la vue, au seul nom d'infortune, de misère et de malheur ! Puissent les catholiques ne jamais penser ni parler différemment, pour ne point faire rougir de honte et de douleur, l'Eglise qui aime tant les âmes et surtout les âmes persécutées !

Jetons dès lors un voile, le voile de la sympathie qui excuse, de la charité qui pardonne, sur les vices des peuples chrétiens de l'Orient; il valent après tout beaucoup mieux que les payens et les infidèles de la Chine et hâtons-nous d'arriver au cœur de la difficulté. Si nous remontons, huit cents ans plus haut, nous retrouvons dans les vallées du Liban et du Taurus, dans les plaines de la Mésopotamie, dans les montagnes de la Chaldée, des chrétientés florissantes encore, après plusieurs siècles de persécutions brutales, de malheurs inouïs, et d'un assujétissement presque sans exemple dans l'histoire. Elles étaient, il est vrai, plongées dans un schisme et des hérésies trop de fois séculaires; mais elles commençaient aussi à désirer vaguement de retourner à l'Eglise, parce qu'elles avaient pressenti, à l'austère et bienfaisante école du malheur et de la persécution, qu'elles étaient hors des voies de la vérité. C'est ce pressentiment, qui amena les Nestoriens, à nouer plus tard avec Rome, des relations, dont le cours fréquemment interrompu, à cause des malheurs de l'époque, fut neánmoins repris, aussi souvent que l'occasion s'en présenta. Ce sont des faits que nous avons signalés plus haut. Tout en constatant ces dispositions favorables, on ne saurait pourtant s'attendre à ne pas trouver, au milieu des populations chrétiennes de l'Asie, des passions politiques et religieuses, qui, après les avoir sé-

parées du centre de l'unité, sont venues ensuite compromet-
tre les heureux effets, qu'on avait lieu d'attendre des moyens
de salut, qu'on leur a offerts et qu'on leur offre encore.
Ce sont les passions politiques et religieuses, qui paralysèrent
les efforts de l'Occident à l'époque des croisades, et ce sont
ces mêmes passions qui arrêtèrent aussi plus tard les missionnaires, dont le zèle et le courage n'ont pu suffire à les
déraciner complètement. Le choc des intérêts en réalité identiques, mais en apparence divers, les rallume sans cesse et
en fait des causes, qui ont annihilé, dans le passé, tous les
éléments de succès et qui menacent d'annihiler encore, dans
le présent, les heureux résultats qu'on pourrait sous d'autres
points de vue entrevoir et espérer pour l'avenir. On doit
donc leur attribuer, *en grande partie,* les revers essuyés par
les missions latines en Orient, revers qui n'étonnent plus,
quand on voit, *non seulement la persécution musulmane, non
seulement les malheurs séculaires des races chrétiennes, mais
encore leurs préjugés, leurs antipathies, etc.* combiner ensemble leurs forces, pour s'opposer à un retour si désiré, vers
le centre de l'unité catholique. Telle est la cause *spéciale*
des échecs du missionnaire, chez les Orientaux. Entrons dans
quelques détails.

Pour recueillir la riche moisson, que ces contrées asiatiques semblaient promettre à l'Eglise; pour réaliser tous les
voeux et aussi quelques espérances formés, ou conçus dans
la lointaine Europe, on n'a guère pu employer que deux
moyens, à partir des croisades. On a dû nécessairement recourir 1° à *l'action du Clergé indigène partiellement converti*
2° *faire intervenir le missionnaire européen,* au cas où le
sacerdoce national ne pourrait suffire à ramener les sectes

séparées, afin que leurs *efforts réunis* pussent suppléer à l'impuissance des uns et des autres.

Le premier moyen a été par trop inefficace jusqu'ici, et il devait l'être, vues les circonstances où il s'est trouvé. Ces circonstances sont connues maintenant de tout le monde; nous en avons parlé au long, dans l'*Esquisse sur la Chaldée*, et les diverses régions de l'Asie se ressemblent assez, pour qu'il suffise ici de donner la conclusion, sous forme d'aphorismes. Le Clergé indigène n'a pas pu accomplir cette œuvre de régénération chrétienne, parce qu'il était *inférieur à sa tache par le nombre, inférieur par la vertu, inférieur par la science, inférieur par le zèle, inférieur par les moyens matériels.*

Il a gémi et gémit encore aujourd'hui de cette infériorité, *qu'il supporte douloureusement*, sans pouvoir y remédier d'une manière radicale. Dénué de toutes ressources, il a traîné péniblement sa misérable existence, au milieu du peuple chrétien, souvent sans pensés, sans désirs, sans aspirations plus élevées que celles du vulgaire; sans connaissances précises de la grandeur de sa mission, parce qu'il n'a jamais reçu de formation vraiment ecclésiastique; sans zèle, parce que les liens du mariage, où il vit assez généralement, lui ravissent et cette liberté et cette ardeur que le célibat donne au reste du clergé catholique. Tel est, dans ses linéaments généraux, le portrait d'une trop grande partie du clergé asiatique. Il s'offrait deux moyens de lui communiquer, au moins, ce qui est le plus nécessaire à toute vocation sacerdotale. On pouvait 1° *fonder en Orient*, quelques unes de ces nombreuses institutions, qui alimentent, grossissent et forment les rangs du sacerdoce de nos pays;

mais, pendant des siècles, *ce moyen a été absolument inapplicable,* en présence des avanies et des persécutions, auxquelles toutes les chrétientés orientales ont été soumises. Il fallait donc poursuivre le même but, par des voies détournées. Or, on pouvait 2° *appeler en Europe,* des jeunes gens choisis, pour les y élever, dès l'enfance, les former aux devoirs et aux vertus de l'apostolat et les renvoyer ensuite dans leurs pays propager, dans la mesure du possible, les mêmes bienfaits, afin de resserrer ainsi les liens, qui unissaient au St. Siège, des contrées si lointaines. L'Eglise Romaine, toujours si attentive à subvenir aux besoins des chrétientés souffrantes, et toujours encore riche en heureuses inspirations, s'empressa, de bonne heure, de voler au secours de ces races infortunées, qui, à l'imitation de l'enfant prodigue, revenaient enfin à leur mère, les mains vides des trésors de grâce et de vertus, qu'elles avaient dissipés. Dès la première moitié du XVII° siècle, elle fonda un collége spécial pour les Orientaux, le collége de la Propagande. Depuis lors, des institutions analogues, et rattachées à la précédente, ont été établies à ses côtés, afin de pourvoir aux nécessités de plusieurs pays, d'une manière toute particulière.

Personne n'ignore le bien, qui en est résulté pour l'Asie et la reconnaissance, que tant de bienfaits ont dû inspirer aux fidèles de ce pays malhèureux. On est cependant, obligé de reconnaître, que ce collége, malgré toute son importance, malgré tous les développements qu'on lui a donnés, n'est qu'un moyen de regénération *extraordinaire et exceptionnel pour l'Orient.* On peut, sous ce rapport, l'envisager, comme une pépinière d'évêques; mais l'influence, qu'il exerce par là même, sur la masse du clergé oriental, ne saurait être considérable, parce qu'il est impossible de lui inoculer, à distance et par le seul intermédiaire d'un épiscopat dénué de toutes ressources, les vertus, la vigueur et la vie qui lui manquent. Il n'est donc pas étonnant que la plupart des membres du sacerdoce, dont nous parlons, soient demeurés, jusqu'à nos jours, à peu près ce qu'ils étaient au XVIᵉ siècle ; il ne pouvait en être autrement. Les résultats heureux, qu'on a obtenus, pour la portion choisie elle même et élevée à Rome, ont été considérablement amoindris par des inconvénients nombreux et inséparables de la position qui lui était faite. Habitués *à d'autres lois, à d'autres usages, à d'autres idées, à une manière de vivre différente de celle de l'Asie,* durant l'intervalle d'une éducation commencée de bonne heure et continuée jusqu'à l'âge mûr, les jeunes clercs orientaux se sont trouvés, à leur retour, *exilés dans leur patrie, étrangers dans leur propre famille et novices dans des rites sacrés,* dont beaucoup de latin et de grec ne pouvaient suppléer totalement la connaissance, pour le ministère des âmes. Il en est résulté du malaise, du découragement, et par suite de l'inaction et de la stérilité. Ceux-là même, qui plus énergiques, ou plus vertueux ont pu résister à de si rudes épreuves, ont fini par redescendre insensiblement au niveau commun et peu élevé des autres membres du clergé indigène. Ces inconvénients ont été aperçus de bonne heure ; mais on n'a pu y remédier jusqu'à ces derniers jours ; on a fait tout le bien qui était possible, *et on a cru avec raison, que des relations plus suivies, plus fréquentes avec le St. Siège, étaient un contrepoids plus que suffisant à toutes ces misères inévitables.*

Tel est donc le *premier moyen de régénération pour l'O-
rient chrétien*, le moyen le *plus naturellement apte à produire des fruits*. L'Eglise ne s'est pas découragée cependant, et faisant appel à ses généreux et intrépides missionnaires, elle les a envoyés arborer l'étendard de la foi, *signum fidei,* comme disait un Pape, au sein de ces chrétientés mourantes, sur les ruines laissées par des hérésies
prêtes à disparaître. A-t-on réussi? Pouvait-on réussir mieux
qu'on ne l'a fait? Nous avons répondu déjà, par des faits
nombreux, à la première question et nous pouvons ajouter
encore, par rapport à la seconde, que les missions catholiques en Orient, données les circonstances où elles se sont
trouvées, ne pouvaient produire, dans le passé, des résultats
beaucoup plus heureux qu'elles l'ont fait. Pour nous en
convaincre, jetons un rapide coup-d'œil sur les difficultés,
qui ont entravé la marche du missionnaire, et qui ont dû
forcément rendre stériles tous ses efforts. Ces difficultés sont
aussi délicates que nombreuses; mais elles dépendent heureusement *pour l'Asie, beaucoup moins des personnes que de
la situation elle même;* on les verrait se reproduire, au sein
de tous les peuples et dans tous les pays, si les circonstances
étaient les mêmes. On peut les ramener à deux classes:
les unes, et ce sont les plus graves, proviennent des relations, que le missionnaire doit entretenir avec le clergé et
avec les fidèles d'Orient. Les autres naissent de l'ignorance
des langues liturgiques de chaque contrée, des langues vulgaires, des mœurs etc.

Le Clergé indigène constitué avec une hiérarchie propre,
des lois, des rites, des mœurs ecclésiastiques spéciales, peut
être pour le missionnaire son meilleur appui, comme aussi,

il peut devenir la cause de tous ses revers, *s'il n'y trouve point, ou s'il ne parvient pas à lui inspirer* l'identité de vues, de pensées, d'aspirations, si indispensable dans ceux qui *travaillent ensemble à atteindre le même but.* Est-il nécessaire de dire, que cette entente absolue, parfaite, universelle est exposée à bien des chances de perturbation, si la plus exquise charité et la plus grande prudence ne viennent modérer l'action de ces deux forces destinées à ressusciter l'Orient chrétien?... La seule présence du missionnaire dans ces pays excite la suspicion et la défiance. On se demande ce qu'il est, et malheureusement sa position n'est pas toujours assez nettement définie, dans une situation si périlleuse. Il ne se sépare pas du Clergé, et cependant, il ne s'unit pas tellement à lui que leur action soit une. Si on le considère, comme simple missionnaire, ce n'est pas lui qui a l'honneur d'être la tête de la chrétienté, le centre autour du quel tout gravite et se meut, le foyer où tous les intérêts se rallient, s'agitent et se discutent. C'est le privilège du Patriarche, de l'Evêque, et sous ce rapport, il n'est qu'un auxiliaire, c'est-à-dire un *accident, un accessoire,* dans la constitution de ces Eglises. Mais n'est-il qu'un auxiliaire? — Evidemment non; comme européen et comme envoyé de l'Eglise catholique, il représente, à divers degrés, suivant le caractère, dont il est revêtu, ceux qui lui ont donné sa mission, c'est-à-dire qu'il a le droit de connaître d'une foule d'affaires épineuses et peut-être même trop multipliées, dans la période où sont encore la plupart de ces chrétientés. Cette réunion de deux rôles si différents, dans la même personne, lui crée de grandes entraves. Cette immixtion de la part d'un *étranger* dans l'intérieur des églises indigènes, dans les af-

faires de l'Evêque et du clergé, du clergé et de ses ouailles,
paralyse l'action du sauveur d'âmes et du semeur de la vérité.
« C'est un véritable malheur pour la mission, écrivait un
« délégué apostolique, il y a quelques années, qu'elle ait
« été amenée à entrer dans les affaires du clergé indigène.
« Jusque là, elle avait eu de bons rapports avec les autori-
« tés locales, elle pouvait même s'entremettre d'une maniè-
« re officieuse et avec une très-grande utilité, lorsqu'il se
« présentait quelque embarras, mais le jour, où elle s'est
« trouvée liée à la délégation, elle a perdu non seulement la
« confiance qu'on avait en elle, mais elle est devenue encore
« immédiatement l'objet d'une haine passionnée. *Si elle res-*
« *tait dans une si déplorable condition, il y aurait un état de*
« *lutte permanent et personne n'y trouverait son compte.* »

Le missionnaire trouve donc des difficultés dans le clergé,
il en trouve dans le peuple, il en trouve dans les mœurs, les
coutumes et jusque dans la langue qu'il doit parler. *Que de
préjugés n'a-t-il pas à vaincre, non seulement dans autrui, mais
encore dans lui-même!* N'arrive-t-il pas au moins quelquefois,
qu'il porte dans ces contrées des idées peu justes des hommes,
des choses, des moyens d'agir et que par suite beaucoup de
fautes sont commises, sans qu'il s'en doute. Il se trouve pri-
vé le plus souvent de toute influence efficace sur le sacerdoce,
*parce qu'il ne le forme point, qu'il le trouve au contraire
constitué sur le sol, avec sa hiérarchie et son esprit propre;*
il est, sans influence sur le peuple, parce qu'il est rare qu'il
puisse l'évangéliser, aussi facilement que le clergé indigène,
n'ayant pas été préparé de bonne heure à l'accomplissement de sa mission. En supposant du reste que l'étude lui
eût donné les aptitudes indispensables au ministère des âmes,

*ses difficultés ne seraient pas toujours amoindries,* et, en tout cas, il aurait la douleur de voir les âmes, qu'il aurait élevées un peu au dessus du vulgaire, s'affaisser rapidement et redescendre bientôt au niveau commun, sous l'influence irrésistible du milieu où elles vivent.

Nous nous bornons à ces *quelques généralités,* pour plusieurs motifs; d'abord, parce que nous nous sommes uniquement proposé pour but d'*instruire,* d'*éclairer,* de *montrer assez, ou tout au moins de faire deviner, combien les missions orientales sont difficiles.* Nous évitons d'alléguer des faits, parce que les faits désastreux ne sont pas toujours coupables et que nous tenons à éviter tout ce qui serait capable d'irriter. Nous désirons ne blesser personne, ni parmi les Orientaux, ni à plus forte raison encore parmi les Occidentaux; toute cette brochure ne tend qu'à les réunir, à faire un peu de bien, si c'est possible. Si nous avions cru, que nos paroles pussent être offensantes pour n'importe qui, nous n'aurions jamais pris la plume. Nous avons voulu en dire assez, pour qu'on devine le reste et que connaissant le mal, on n'applique pas au bras le remède qui demande à être appliqué au cœur ou à la tête; nous ne voulons pas en dire davantage, parce qu'il sera plus utile, la situation une fois assez connue, de rechercher les moyens d'opérer un peu et beaucoup de bien, en réunissant toutes les forces, dont dispose la sainte Eglise catholique, pour conduire les âmes à la vérité, au ciel et à Dieu, comme l'impiété masse aussi et très-savamment ses bataillons pour précipiter les hommes dans le mensonge, l'enfer et l'esclavage du Démon.

L'échec non pas complet, mais relatif, des missions catholiques en Orient tient donc à ces deux causes réunies

1.° à *l'impuissance du clergé indigène, qu'il a été impossible, jusqu'à ce jour, de former et de relever à la hauteur de sa mission*; 2.° à *l'impuissance des missionnaires européens, au milieu des difficultés innombrables, qui les ont environnés jusqu'ici.*

Fort heureusement pour l'Eglise catholique, ces difficultés n'existent nulle part, dans les pays infidèles. Ici en effet, le missionnaire est le centre de tout, parce que tout vient de lui; c'est le missionnaire, qui forme les pasteurs, qui leur communique l'esprit et les vertus sacerdotales, dont il est animé lui-même. Les pasteurs à leur tour, devenus en quelque sorte les fils du missionnaire, par l'intelligence, par le cœur, par la communauté d'idées et d'aspirations, se montrent toujours heureux d'adopter ses vues, de prendre ses conseils, de subordonner leur action à la sienne. Les lois, les mœurs ecclésiastiques, les coutumes, tout est identique, parce que le missionnaire *n'a rien trouvé d'établi sur le sol et qu'il y a tout fondé, comme il l'a voulu.* On *forme* beaucoup plus facilement qu'on ne *réforme*, même en Europe. Il n'y a donc presque jamais de tiraillement, en pays infidèle, et le premier pas une fois accompli, tout se déroule naturellement, sans peine et sans effort. Hâtons-nous de redire en finissant ce paragraphe, que, s'il n'en est pas absolument de même en Orient, cela tient surtout aux circonstances plutôt qu'aux hommes, pris comme tels. En formulant ainsi notre pensée, nous ne sommes pas seulement *indulgents*, nous sommes *justes* pour l'Asie et pour l'Europe.

### III.

Nous n'avons pas craint de faire entrevoir la difficulté, dont la solution nous occupe, sous son vrai point de vue. Il y a toujours un profit réel à connaître la vérité et à ne pas se dissimuler les obstacles, qui peuvent entraver la marche vers le but que l'on poursuit. Nous croyons d'ailleurs être pas là plus utile; si on parvient en effet, à reconnaître clairement, par rapport à la plupart des chrétientés orientales, ce qu'un missionnaire reconnaissait par rapport à la Chaldée, il y a quinze ans; « *si on avoue* « *qu'il est impossible de prévoir, quand se lèvera l'aurore* « *de la régénération pour ces pays, parce que les moyens,* « *dont on veut user dans ce but, semblent mal conçus et* « *insuffisants dans la pratique à produire les fruits dési-* « *rés* [1] », il y a tout lieu de croire, que l'on cherchera à en adopter d'autres, plus faciles dans leur emploi et plus efficaces dans leurs effets. Nos temps du reste si changés semblent permettre de modifier une manière d'agir, que la force des circonstances avait seule fait embrasser, pour en prendre un autre, et plus naturelle, et plus sûre, et plus féconde dans ses résultats.

Sans parler de nouveau des progrès accomplis, dans ce siècle, on ne peut contester, que le gouvernement turc ne commence à témoigner aux chrétiens de cet empire une bienveillance, à la quelle ils n'étaient pas encore habitués. Le Sultan déclarait, il a peu de jours, à Mgr. Hassoun, nou-

[1] Voir page 75.

veau Patriarche arménien : « *que son voeu le plus cher est*
« *d'assurer également à toutes les classes de ses sujets, sans*
« *distinction, les bienfaits du bien-être, de la prospérité et*
« *de la justice* [1]. » Il ne faut point, sans doute, se faire illusion ; ces bonnes dispositions du souverain ne pénétreront
pas de suite dans tous les rangs de la société musulmane ; mais on peut espérer aussi avec raison, que leur influence s'étendra, de jour en jour plus rapidement, et que
les puissances chrétiennes ne négligeront pas de seconder
ici les progrès de l'Eglise, comme elles l'ont fait déjà si
souvent. La Chaldée aime à reconnaître qu'elle doit au gouvernement français une grande partie des améliorations dont
elle jouit, et toutes les races chrétiennes de l'Orient n'ignorent pas que la France saurait encore, au besoin, tirer l'épée,
comme elle le fit, il y a sept ans, pour protéger la civilisation contre la barbarie et le fanatisme.

C'est donc pour les catholiques un motif de reprendre
courage et de redoubler d'efforts. D'ailleurs, il ne faut pas
se le dissimuler : l'Orient sera conquis, ou par le Schisme
Russe, ou par l'Eglise Romaine ; le combat entre l'erreur et la
vérité a commencé déjà sur le sol de l'Asie, et de nouveaux
et plus vigoureux assauts se préparent encore. Si les sectes
dissidentes de ces pays ne se réunissent pas au centre de l'u-
nité et si elles ne reprennent pas vite des forces, elles tombe-
ront, comme une proie facile, devant les armes et les largesses du Czar, dont les émissaires parcourent et corrompent, dès
maintenant, la Géorgie, l'Arménie et le Kourdistan, en pro-

[1] Le Monde, 5 Octobre.

diguant l'or, les faveurs et de magnifiques promesses, qui ne coûtent rien et engagent moins encore. Les catholiques d'Europe laisseront-ils s'accomplir cette oeuvre destructrice, sans tenter un nouvel effort, surtout lorsqu'il semble devoir être couronné d'un assez grand, si non d'un plein succès?... Evidemment non ; cela n'est pas possible.

Il n'est donc pas absolument inutile d'examiner, au moins rapidement, les moyens, qui sembleraient les plus propres à préparer une régénération si désirée, pour un avenir assez proche. Ceux qu'on a employés par le passé furent bons pour leur époque ; ils furent peut-être les meilleurs; ils furent souvent hélas! les seuls aux quels on put recourir. On ne saurait néanmoins trouver étrange, que, les circonstances étant presque complètement changées, d'autres mesures semblent plus aptes a réaliser les désirs et les espérances de l'Eglise et qu'il paraisse opportun d'essayer, dès maintenant, de rendre l'Asie à la foi catholique, à sa prospérité, à ses antiques grandeurs, moins par l'intermédiaire de personnes et de moyens pris à *l'extérieur,* qu'à l'aide *des ressources indigènes ressuscitées,* développées, fortifiées, agrandies. Pour tout dire en un mot, le moment ne serait-il pas venu *de restaurer l'Orient chrétien, nous ne disons pas uniquement par lui seul, mais surtout par lui-même?*

Telle est la thèse que nous voudrions développer ici, en peu de mots. La suite des idées et du discours éclaircira peu à peu ce qu'il pourrait y avoir encore d'obscur pour certains esprits. Abordons dès lors immédiatement le sujet, après avoir rappelé toutefois, que le but de l'Eglise dans toutes les missions, qu'elle envoie en Asie, comme en Amérique, comme en Chine, *est toujours de mettre les nations évangélisées, avec le moins de temps et de sacrifices possibles, en état de se suffire d'abord à elles-mêmes, pour qu' elles puissent l' aider un jour à procurer à d'autres peuples les mêmes bienfaits.*

Les moyens peuvent varier, mais le but est toujours le même. Tel est celui que l' Eglise poursuivait hier, tel est celui qu'elle poursuit encore aujourd'hui et tel celui qu'elle poursuivra demain. Pour le réaliser, il est nécessaire, qu'on donne à chaque pays les éléments constitutifs et essentiels de toute chrétienté, c'est-à-dire :

1.º *Un clergé assez nombreux et capable de suffire convenablement aux besoins des fidèles.*

2.º *Les institutions les plus importantes, au moins celles, qui forment à la piété, à la science, à la vertu et à l'accomplissement du devoir, les saintes phalanges du sacerdoce.*

Ce sont des vérités, que tout le monde admet, aussitôt qu' on les formule. Nous nous hâtons par suite d'en tirer, comme conséquence première, que la principale obligation de tout missionnaire est de susciter partout, et aussitôt que possible, avec les moyens dont il dispose :

1.º *Un clergé indigène, comme élément essentiel.*

2.º *La vie religieuse, comme élément nécessaire au développement bienfaisant et glorieux des sociétés chrétiennes, sinon à leur existence,* surtout dans les pays, où les puissances du siècle ne font absolument rien pour le développement intellectuel et moral de leurs sujets.

En effet, le clergé séculier peut suffire, quelque temps, par lui seul aux besoins les plus impérieux d' une chrétienté ; mais que d'œuvres indispensables aux nations chrétiennes

languiraient entre ses mains, ou ne seraient même pas fondées
et établies, s'il existait seul, et si le clergé régulier ne venait
point lui prêter le secours de son intelligente coopération et de
son généreux dévouement! Si en Europe, en France, en Italie,
tous les ordres religieux des deux sexes venaient à disparaître, du jour au lendemain, quel vide immense leur disparu-
tion totale ne laisserait-elle point! L'histoire est là du reste,
pour démontrer, à l'aide des faits, ce que l'on pourrait d'ailleurs deviner facilement et personne n'ignore les malheurs,
qui fondirent sur la France, à la fin du dernier siècle et au
commencement de celui-ci, par suite de la suppression des
ordres religieux et des Jésuites en particulier. Le missionnaire
européen ne peut donc *absolument* suppléer, nulle part, le
clergé séculier et régulier, pas plus en Orient qu'en Chine
et en Amérique. *Il doit fonder l'un et l'autre; l'Eglise lui
indique les moyens ou laisse à sa prudence à les choisir,*
suivant les temps et les lieux. S'il n'en était pas ainsi, le
missionnaire n'irait pas en pays de *mission;* il irait *fonder
une colonie;* car, qui dit *mission,* parle d'une chose *essentiel-
lement transitoire.* S'il n'en était pas ainsi encore, ce serait
condamner le pays, qu'on évangélise, *à vivre principalement
ou uniquement d'importations,* qu'on veuille bien nous pardonner ce mot, parce qu'il fait admirablement comprendre
notre pensée. Or, toutes les contrées, qui se trouvent con-
damnées, pour une raison ou pour une autre, *à vivre d'importations,* meurent inévitablement de faim et il est impossible
qu'elles échappent, une fois ou l'autre, à ce malheureux sort.

Tel est le but; tels sont les moyens éloignés pour y par-
venir, en Orient comme ailleurs. Les moyens intermédiaires
varient d'époque à époque; car, ce qui fut excellent ou

même simplement utile dans un temps, peut ne pas l'être dans un autre ; le *mieux abstrait* n'est point toujours le *mieux concret,* en ce sens au moins, que sa réalisation n'est pas possible en tout lieu, ou qu'elle se trouve hérissée d'énormes difficultés. Les intentions et les volontés les plus généreuses sont esclaves des événements, qui les retiennent souvent en deçà de leurs aspirations, par l'impuissance, où se trouve l'homme, de vaincre ou de renverser les obstacles, de manière à atteindre la fin, d'un seul trait et sans détours.

Pour toucher de plus près la question importante qui nous occupe, il n'y a pas de doute, que l'Eglise n'ait toujours voulu créer, sur le sol de l'Asie occidentale, un clergé *à la hauteur de ses devoirs et de sa mission,* parce qu'il a toujours été évident, que le moyen le plus sûr de régénerer une société, n'importe laquelle, est de régénérer d'abord ceux qui la dirigent et la gouvernent. L'Eglise a donc tâché partout d'agir principalement sur le clergé séculier et régulier, pour relever ensuite le peuple chrétien par son intermédiaire. Elle a désiré que les missionnaires s'occupassent avant tout des pasteurs, de leur instruction, de leur sanctification, de leur formation sacerdotale ; ce n'est qu'à regret, qu'elle a permis de déplacer ce qu'on pourrait appeler *le centre naturel d'opération des Missions latines,* chez les orientaux, surtout parmi les catholiques ; elle a déploré qu'on ne pût répandre, par le moyen du sacerdoce indigène, les lumières et les connaissances, au milieu de ces races dégradées par le despotisme du Croissant ; mais elle a dû céder à la force, à la violence, à la brutalité de l'islamisme, et s'est résignée douloureusement à ne réaliser qu'une faible partie de tout le bien possible ; attendant de la Providence et de l'avenir des modifications, qui la laissassent tout-à-fait libre dans son action régénératrice.

Puisque, grâce au ciel, ces modifications importantes se sont réalisées déjà, au moins en partie, et que l'Eglise est aujourd'hui plus libre en Orient, ne devrait-on pas tenter de rétablir le *vrai centre d'opération* et chercher avant tout à *former sérieusement un clergé indigène?* La voie semble toute tracée par l'expérience acquise en Europe, depuis plusieurs siècles, et il est permis de penser que les moyens, par les quels on a ramené le clergé latin aux obligations et aux vertus du sacerdoce, pourraient produire encore le même résultat, en Asie. Au XVI<sup>e</sup> siècle, le Saint Concile de Trente, voulant promouvoir la réforme de l'Eglise, en lui donnant des prêtres qui fussent en harmonie avec leur fonctions sublimes, ne trouva aucun moyen plus efficace que l'érection des Séminaires dans chaque diocèse. Cette illustre assemblée descendit même dans tous les détails, dans les détails les plus minimes, parce qu'elle était profondément convaincue de l'importance souveraine de cette institution. Elle développa les motifs, qui lui inspiraient tant de sollicitude pour elle; c'étaient d'abord les avantages précieux, qu'on trouve à conserver dans toute la pureté de l'innocence et la fraicheur de la vertu, le cœur de la jeunesse ecclésiastique; c'était ensuite, le besoin de lui donner une formation toute spéciale, en rapport avec les devoirs qu'elle aura remplir un jour; c'était enfin, pour tout dire en peu de mots, la nécessité de faire avant tout des hommes et des saints de ceux, que Dieu appelle à demeurer au milieu des dangers innombrables d'un siècle séducteur, pour y propager le règne de la vérité, de la vertu et de la justice. Il ne faut en effet, rien moins qu'une grande sainteté, pour rester sans timidité devant la force brutale, sans hauteur devant la faiblesse, pour résister aux excès de la première, soutenir les défaillances de la seconde, en servant à toutes les deux de guide et d'appui; afin de conduire sûrement les peuples, au milieu des épreuves de la vie, vers les rives du ciel et d'un monde destiné à ne point finir [1]. St. Charles Borromée St. Vincent de Paul et Monsieur Ollier furent les trois hommes choisis de Dieu, pour réaliser cet heureux dessein, et nos pays catholiques, qui, depuis lors, jouissent de ce bienfait, comprennent si bien maintenant l'utilité des séminaires, qu'il suffit de les nommer, pour exciter aussitôt leur bienveillance. Si telle est l'importance de ces pépinières du sacerdoce, même parmi nous, que doit-il en être, dans des régions, où il n'y a pas la moindre école spéciale pour le clergé, dans des régions où on tire le prêtre de la charrue, où on l'arrache a l'aiguille et à la navette du tisserand; dans des régions enfin, où le prêtre était naguère encore esclave et où il est, aujourd'hui même, presque aussi ignorant que ses ouailles. On invitait, il y a peu de temps encore, un évêque oriental à une distribution de prix, dans un des pensionnats de Rome. Ce prélat écoutait, avec l'intérêt le plus vif, l'interrogatoire, qu'on faisait subir préalablement à de jeunes élèves, et admirait, à bon droit, la justesse et l'à propos des réponses, que faisaient de tout jeunes enfants, sur les questions les plus difficiles du catéchisme.... Soudain son regard s'obscurcit, quelques grosses larmes roulèrent dans ses yeux et se penchant vers la personne qui était à ses côtés, il lui dit, avec un accent d'ineffable douleur: *ah! si mes prêtres en savaient autant!*

1 *Concil. trid.* sess. XXIII, cap. 18.

Quelle révélation dans ces tristes paroles!... En face d'une telle misère et d'un si profond abaissement, on se demande, si les trésors de la miséricorde divine seraient épuisés, en faveur de ces nations malheureuses; si ces terres lointaines, où s'épanouissaient autrefois, comme autant de fleurs suaves, d'illustres et florissantes académies, seraient incapables de faire germer actuellement le séminaire le plus modeste, pour ce sacerdoce, en qui réside tout l'espoir de leur restauration! Il faut donc *des maisons d'études spéciales,* des *séminaires;* il en faut en vue des catholiques; il en faut en vue des hétérodoxes; il en faut au moins un par nation. Les Arméniens plus nombreux que les autres catholiques orientaux, plus mêlés aux Européens, et par conséquent moins dénués de ressources, sont déjà pourvus de quelques unes de ces institutions. C'est aux séminaires qu'il faut attribuer, sans aucun doute, comme à leur principe, et ces nombreux retours à la foi, qui réjouissent l'Eglise, et cette séve, et cette vigueur du clergé arménien, sur lequel on peut fonder de légitimes espérances, pour la régénération de l'Asie occidentale. La vue du contraste, que fait cette petite, mais intelligente et héroïque nation avec toutes les autres races chrétiennes de l'Orient, est bien propre, ce nous semble, à inspirer le désir et la pensée de doter bientôt de séminaires les Chaldéens et tous les autres rites, qui pourraient en manquer encore. Quoique toutes les correspondances des missionnaires attestent depuis longtemps déjà, que c'est un *des besoins les plus impérieux*, pour rappeler ici une de leurs expressions les plus fréquentes, on a la douleur de voir, même aujourd'hui, ces malheureuses populations orientales s'enfoncer de plus en plus dans l'ignorance des choses de Dieu, par la seule raison, qu'elles n'ont pas encore de ces pasteurs éclairés, dont le célibat redouble les généreux transports et enflamme le zèle tout apostolique [1].

Les séminaires sont en effet, d'autant plus indispensables qu'il faut détruire en Asie une des plus grandes plaies, qui affligent l'Eglise de Dieu, *le mariage du clergé de second ordre*. La crainte de grands malheurs et l'impossibilité de trouver des prêtres célibataires en assez grand nombre font tolérer, avec cette résignation qu'inspirent les tendresses d'un cœur maternel, cet abus, qui paralyse tout-à-fait le zèle du sacerdoce et lui enlève toute initiative; mais la résignation ne doit pas être prise pour de la quiétude, ni les pleurs de la tristesse pour ces joies extatiques et ces larmes d'amour, qui accompagnent tout glorieux triomphe; il faut au contraire, que la vue des abjections de l'Asie chrétienne rappelle continuellement nos regards et nos pensées vers la perfection de son clergé, qui est aujourd'hui un de ses derniers moyens de salut. Or, on ne saurait douter un instant, que la fondation des séminaires ne soit un remède capable d'anéantir un mal aussi grand, que l'est celui dont nous parlons. La simple vue de la vie édifiante des moines Chaldéens de Raban-Hormuz, jointe probablement aux exhortations de l'épiscopat, a suffi pour rétablir le célibat dans la ville de Mossoul, et dans les diocèses de Mardyn et de Diarbékir. On a vu aussi, que tout le bien, accompli en Chaldée, depuis soixante ans, est dû aux prêtres célibataires et aux religieux rétablis dans leur première et antique ferveur [2]. C'est donc une preuve de plus, qui, ajoutée à tou-

1 Voir pages 48, 50-51, 53, 66, 72-76, 89.
2 Voir pag. 79-80.

tes les autres, montre clairement que la fécondité est toujours unie dans l'Eglise, en Orient aussi bien qu'en Europe, au célibat ecclésiastique. Comme le célibat dépend à son tour de la sainte institution du séminaire, on a un nouveau motif de désirer, que de généreux efforts puissent hâter les conquêtes, qu'on a tout lieu d'attendre de l'établissement de cette œuvre, dans les diverses contrées de l'Orient.

Il est encore un avantage, qu'on retirera infailliblement de l'érection des séminaires, et que nous ne saurions passer sous silence, parce qu'il intéresse trop l'Eglise tout entière. Nous voulons parler de l'*introduction du latin,* dans l'éducation du clergé d'Asie, et voici les considérations qui peuvent faire mieux juger, quel immense bienfait ce serait pour l'Orient. I.° L'Eglise catholique est une et comme telle, il faut que toutes les parties soient reliées entre elles, avant tout, par l'intermédiaire du centre, de la tête, du cœur, avec lequel chacune prise à part entretient des relations particulières. Or, pour que toutes les parties soient ainsi rattachées les unes aux autres, il est indispensable, qu'il y ait un trait d'union, un moyen de correspondance, entre la tête d'où partent les ordres, le cœur où commence le mouvement et les extrémités où tout s'exécute. Ce trait d'union revêt plusieurs formes ; mais la plus importante de toutes est, sans contredit, l'*unité de langue,* parce qu'il est avant tout nécessaire de pouvoir s'entendre, soit qu'on se parle, soit qu'on s'écrive. *Le latin est la langue ecclésiastique, parce qu'il est la langue de l'Eglise-Mère.* C'est donc dans cet idiome, consacré par les traditions et l'usage de près de vingt siècles, que doivent se traiter toutes les affaires relatives au bien de la société chrétienne. Les catholiques de tout l'univers, à l'exception des orientaux, s'en servent, dans toutes leurs relations avec le centre de l'unité. Le clergé oriental n'a pas pu encore imiter celui des autres pays, par la raison bien simple, que les moyens d'instruction lui ont, pour ainsi dire, manqué totalement jusqu'à nos jours. Il en résulte des inconvénients très-graves; nous n'en signalerons que deux. C'est d'abord un *isolement moral*, presque aussi dangereux que cet *isolement physique et absolu,* dont nous avons parlé plus haut (page 21 et suiv). Ce sont ensuite, *des difficultés nombreuses dans le règlement de beaucoup d'affaires religieuses.* Tout arrive exposé en *Arabe,* en *Arménien,* en *Chaldéen,* etc. c'est-à-dire, dans des langues, qui, quoique estimables et utiles, peuvent ne pas être connues des personnes qui doivent juger et décider. L'importance des questions soumises à leur tribunal n'échappe à personne et on sait que leur issue peut exercer, la plus heureuse comme la plus sinistre influence, sur l'avenir de tout un peuple. La bienveillance et la tendresse maternelle de l'Eglise a comblé, sans doute, un peu cette immense lacune et cherché à prévenir, autant que possible, de grands et quelquefois d'irréparables désastres, en établissant des traducteurs attitrés et adjoints à la Propagande; mais il est évident, que la nécessité de traduire quelquefois de longues pièces et la difficulté de lire les manuscrits exposent à des retards sans nombre, à des longueurs sans fin, à des ennuis vexants, etc. et ce n'est encore là qu'un des moindres inconvénients. C'est probablement pour obvier à de pareils embarras, qu'on a voulu enseigner *la langue latine* à quelques membres du clergé oriental, et qu'on a fermé les yeux sur les conséquences souvent funestes, que pouvait avoir pour eux une éducation entière et complète à la Propagande.

2.° Le second avantage n'est pas moins considérable que le premier. Il concerne la science nécessaire au prêtre. Un des grands buts des séminaires, avons-nous dit, est de communiquer aux jeunes élèves du sanctuaire les connaissances indispensables ou utiles à l'accomplissement de leurs devoirs. Pour cela, il faut des livres de toute espèce, mais principalement des théologies. Or, en Orient, ce sont surtout les livres imprimés qui manquent, aussi bien que les traditions de l'enseignement. Que fera donc le professeur de théologie? — Dictera-t-il son cours? autrefois c'était nécessaire, aujourd'hui ce n'est plus possible. — Traduira-t-il nos grands théologiens, en Arabe, en Arménien, en Chaldéen, etc.? Mais, comment les faire imprimer, dans des temps où les ressources matérielles, qui sont l'instrument de toutes les grandes améliorations, manquent si souvent au pauvre missionnaire catholique, en face de quelques protestants, qui puisent, sans gêne, dans les coffres des Sociétés bibliques? — C'est une question bien plus grave qu'on ne se l'imagine de prime abord, que celle des livres. Si au contraire on parvient à introduire en Orient le latin, comme base de l'enseignement littéraire, toutes ces difficultés sont résolues, et le clergé d'Asie pourra tout aussitôt boire à longs traits aux sources si pures de l'Eglise latine, fouiller dans les trésors de la théologie et de la patristique, sans être obligé de faire des frais plus considérables que le clergé d'Occident. C'est aussi surtout ce même motif, qui a fait adopter le latin dans les séminaires d'Amérique, dans ceux de la Chine, des Indes, et dans ceux-là même qui viennent de naître sur cette pauvre terre si désolée hélas! de l'Asie mineure, à Gahzir par exemple.

En présence de ces besoins et de ces avantages, l'érection des séminaires ne peut être évidemment qu'une question de temps. Puissions-nous donc espérer d'en voir fonder bientôt au moins un, pour chaque rite! S'il existait encore quelque pays où le fanatisme s'y opposât, on doit se demander, s'il ne serait pas utile d'y suppléer par la fondation d'écoles spéciales, dans les contrées de l'Orient plus tranquilles et plus voisines de la mer. La communauté de mœurs et de langue qui existe, chez la plupart des peuples asiatiques, atténuerait les inconvénients entrainés par une éducation totalement faite en Europe. La Propagande y trouverait elle-même des avantages; des dépenses considérables seraient supprimées, et le temps permettrait de fonder à Rome, sans nuire à cette belle institution, un séminaire particulier pour chaque chrétienté orientale, où on réunirait, avec plus de fruit que par le passé, l'élite des jeunes séminaristes, une fois que l'âge et l'éducation leur auraient donné tout le développement intellectuel et moral, que les colléges de leur patrie pourraient leur communiquer [1].

[1] Diverses chrétientés d'Asie ont, depuis longtemps déjà, le bonheur de posséder à Rome une residence et doivent sans doute, à cette circonstance d'avoir reçu, plus souvent que notre *lointaine* Chaldée, des marques de bienveillance de la part des Souverains Pontifes. Les Maronites habitent, à côté de St. Pierre-aux-liens, un collége, dont le site délicieux rappelle souvent à ceux qui l'habitent, les collines et les vallés du Liban. Ce couvent mérite de fixer l'attention des sciences et des lettres, qui lui doivent les trois immortels Assémani. Les Grecs, les Melchites, les Arméniens jouissent aussi d'un pareil bonheur. Puisque nous nous sommes occupés, *dans tout le cours de cette brochure, de la Chaldée, d'une manière toute particulière, nous serait-il permis d'exprimer le voeu qu'elle obtienne, elle aussi, une semblable faveur, afin que ses fils malheureux puissent élever plus souvent leur voix et se faire entendre de ceux qui doivent et veulent les secourir.*

Nous n'ignorons pas, sans doute, que ces séminaires *d'une nécessité évidemment absolue*, surtout pour l'Orient, exigent qu'on dispose d'hommes capables et de moyens pécuniaires, que les meilleures intentions ne savent, ni ne peuvent pas toujours suppléer ; mais nous sommes aussi profondément convaincus de l'importance de ces établissements, et nous avons d'autre part, sous les yeux, des exemples trop récents des larges effusions de la générosité chrétienne, pour croire les trésors de la charité catholique désormais taris en faveur des Eglises languissantes de l'Asie. Si cette cause pouvait trouver, un jour, un cœur éloquent pour la défendre, devant un auditoire fidèle, de si pressants besoins ne tarderaient pas à être secourus.

D'ailleurs, ce ne serait peut-être pas un mal, que de *grandes œuvres* à fonder, comme *des séminaires, des couvents,* etc. fissent *vivement ressentir au zèle des catholiques le besoin de concentrer sur elles* tous les efforts, et par conséquent d'y *centraliser les fonds*, plus qu'on *n'a pu* le faire jusqu'à présent. De nombreuses institutions secondaires à soutenir, des exigences personnelles à calmer, beaucoup d'écoles à maintenir, des orphelinats à fonder, des pauvres, des vieillards à nourrir, des infirmités à soulager, des nudités à couvrir, etc. ont fait trop souvent diviser à l'infini des sommes importantes, qui se sont trouvées ainsi annihilées et ont disparu sans laisser après elles des institutions et des résultats durables. Ne serait-il pas utile, de concentrer les fonds, autant que possible, aujourd'hui surtout qu'une certaine liberté accordée aux rites-unis d'Orient permet de songer un peu plus à l'avenir? La division des deniers catholiques en allocations restreintes a sans aucun doute, l'avantage de satisfaire à des besoins nombreux et sans cesse renaissants; mais les œuvres ne sont jamais constituées dans un état viable et l'*évangélisation* est toujours à recommencer. La *concentration* de toutes les ressources sur les institutions *rigoureusement nécessaires à un pays chrétien*, comme le sont les séminaires, les colléges, etc., expose certaines individualités à la souffrance ; nous accorderons même, que certaines œuvres secondaires peuvent être exposées à périr; mais en procurant à toute une nation malheureuse, à la Chaldée par exemple, un clergé plein de vie et de force, un clergé aussi pieux, aussi instruit que zélé et intrépide pour le bien, toutes ces souffrances passagères ne seront-elles pas promptement soulagées?... Il faut choisir entre un bien plus solide, plus durable, quoique d'abord plus restreint, et un bien plus étendu, il est vrai, mais superficiel et sans consistance. Or le choix ne saurait être douteux, ce nous semble. On ne peut d'ailleurs se faire illusion; les ressources dont disposent les Missions catholiques sont excessivement restreintes, en face de ces nombreux et immenses besoins, aux quels il faut suffire; dans l'impossiblité de calmer toutes les douleurs, d'ouïr tous les gémissements, d'écouter toutes les plaintes, ce qu'il importe avant tout de faire, c'est de réaliser le plus de bien possible, en appliquant les moyens, qu'on possède, aux œuvres que l'expérience a montrées devoir être les plus fécondes pour l'avenir d'une chrétienté.

Qu'on veuille bien nous permettre de faire une application de cette théorie. La *Propagation de la Foi* et l'*Oeuvre des écoles d'Orient* donnent, chaque année, plus de 100,000 fr. aux missions de la Mésopotamie, de la Chaldée et de la

Perse [1]. Cette somme est sans aucun doute très-utilement appliquée à maintenir des écoles , à fournir aux missionnaires au moins les *alimenta et quibus tegamur*, dont parle l'apôtre, à procurer des ornements sacrés à des diocèses entiers, qui n'ont pas même *la consolation d'avoir un tabernacle où notre Seigneur réside*, etc., mais ne serait-il pas utile néanmoins de consacrer, pendant quelque temps, la

---

[1] Voici les chiffres officiels des fonds alloués par la Propagation de la Foi. Nous y joignons, autant que nous avons pu le savoir, le nombre des religieux composant les missions aux quelles ils sont destinés et celui des écoles qu'ils dirigent.

| Missions | Religieux | Résidences | Nombre des Religieux | Ecoles | Fonds alloués |
|---|---|---|---|---|---|
| Mésopotamie | RR. PP. Capucins. . . . | Orfa (Edesse). . 2 <br> Diarbékir (Amida) 2 <br> Mardyn . . . . 4 | . | 1 <br> . <br> 1 | 9,000 |
| Bagdad . . . | RR. PP. Carmes. . . . | Bagdad. . . . . 2 | . | 1 | 9,000 |
| Mésopotamie Kourdistan | RR. PP. Dominicains . . | Mossoul . . . 3 relig. <br> 2 conv. 9 <br> Mar-yakoub . 1 | . | 1 | 20,000 |
| Mésopotamie et Perse . . | Délégation apostolique | . . . . | . | . | 19,000 |
| Perse . . . . | RR. PP. Lazaristes . . . | . . . . | . | 10 | 28,000 |
| Perse . . . . | RR. PP. Mékhitaristes. . | . . . . | . | . | 8,000 |
| | | Total | 16 | 23 | 93,000 |

*Nota bene.* Si on ajoute à cette somme les fonds alloués par l'oeuvre des *Ecoles d'Orient*, on arrive à dépasser évidemment la somme de 100,000 fr. Nous ne connaissons pas le nombre des Lazaristes, ni celui des Mékhitaristes, pas plus que le chiffre des écoles de ces derniers. Ce tableau, tout imparfait qu'il est, peut néanmoins donner une idée de la situation. (Voir *Annales de la Propagation de la Foi*. Mai 1867, pag. 190).

plus grande partie de ces fonds à l'érection de deux ou trois séminaires? Ne pourrait-on pas espérer, que les deux oeuvres de la *Propagation de la Foi* et des *Ecoles d'Orient* s'imposeraient pendant plusieurs exercices, des sacrifices un peu plus considérables, pour seconder des institutions si importantes, disons mieux, si nécessaires? Nous émettons une idée, qui nous paraît digne de quelque attention; nous l'émettons cependant, sous toutes réserves, parce que la réalisation de ce plan peut révéler des difficultés pratiques, qui ne nous sont pas connues.

Il en est néanmoins une, que nous avons entendu faire trop souvent, pour que nous puissions la passer sous silence, d'autant plus qu'elle nous semble peu fondée et facile à résoudre. Pour défendre, ou tout au moins, pour expliquer la *décentralisation* des sommes allouées, on allègue une espèce de *violence morale,* qu'il faut subir à peu près partout; on se prétend obligé de céder aux sollicitations pressantes des evèques et des prêtres orientaux, qui demandent, à grands cris, des secours pour les œuvres, dont ils ont la direction. On ne saurait nier que cette raison ne soit spécieuse et qu'on n'éprouve un véritable serrement de cœur, en refusant une petite allocation à des institutions toujours utiles, quoique secondaires; mais, ne serait-il point possible de faire agréer par tout le monde le système de la *centralisation momentanée du reste* des ressources, et de prévenir les refus, en mettant les evèques dans le cas de ne pas faire des demandes? Il semble, en effet, qu'on pourrait organiser, très-utilement et sans beaucoup de peine, des conseils composés du délégué apostolique et de tous les

11

Evêques d'un rite particulier ou d'un certain nombre d'entr'eux, aux délibérations des quels serait soumise la répartition des fonds alloués, soit par la Propagation de la foi, soit par les autres œuvres qui ont le même but.

L'organisation de ces Conseils est facile et leurs opérations n'offrent pas de grands obstacles. Le seul qu'on puisse objecter et qui soit un peu sérieux, c'est la difficulté de les réunir. On ne saurait dire, absolument parlant, qu'elle n'existe pas dans certains pays, surtout, si ces conseils étaient formés d'un très-grand nombre de membres; mais on pourra toutefois obvier à cet inconvénient, aujourd'hui où les communications deviennent partout plus faciles. Le délégué apostolique, en visitant les divers diocèses de son ressort, trouvera des occasions nombreuses de les rassembler, afin de s'entendre avec eux, sur les besoins, sur le moyen de les soulager, et sur la distribution des ressources qu'on possède.

Cette manière de procéder semble *assez naturelle,* puis qu'il s'agit d'un intérêt commun et que les autorités locales sont les plus aptes à le connaître et par conséquent aussi les plus propres à le sauvegarder. Est-il possible, pour citer un exemple, qu'un missionnaire européen, résidant à Alep ou à Diarbékir, connaisse les besoins des fidèles, qui habitent Bassorah, Bagdad, Mossoul, Arbelles etc. c'est-à-dire, des pays éloignés de 30 à 40 jours de marche? Peut-il du moins, en être aussi exactement informé que les prêtres et les evêques, qui vivent au milieu de ces populations infortunées, partageant toutes leurs misères et n'ayant d'autre soulagement à leur apporter que des larmes confondues dans un même gémissement? Evidemment non.

Ne pas consulter l'épiscopat d'Orient, ce serait se priver de lumières abondantes et indispensables, à une époque, où il est si nécessaire de les mettre en commun, pour faire triompher la cause du bien. Disons aussi, que cette manière de procéder serait encore *la plus utile ;* soit, parce qu'elle mettrait les évêques orientaux dans l'impossibilité de se plaindre contre une répartition, dont ils seraient les auteurs, ou par eux-mêmes ou par leurs délégués; soit, parce qu'elle ferait mieux connaître et secourir les besoins d'un pays; soit enfin, parce quelle entretiendrait les relations d'amitié, d'estime et de sympathie entre le clergé d'Asie et ses missionnaires. Il est inouï, dans toutes les missions de l'Eglise, que l'Evêque ne soit pas au moins consulté sur les œuvres, qu'on désire établir dans son diocèse et il n'est pas permis de supposer, qu'une exclusion absolue des affaires générales d'un pays n'ait rien de blessant pour le sacerdoce indigène. L'histoire des chrétientés orientales ne confirme malheureusement que trop notre assertion. Comment pourrait-on d'ailleurs communiquer au clergé d'Asie, et ces lumières qui lui manquent, et cette dignité de caractère, qui convient à sa mission, en ne faisant, pas de sérieux, de continuels efforts, pour l'instruire, pour relever son esprit et son cœur par ces procédés exquis qu'inspire la charité chrétienne? L'intérêt de l'Eglise et des âmes n'exige-t-il pas, qu'on se hâte de le rendre capable d'accomplir seul l'œuvre de la restauration si désirée? Nous pouvons ajouter enfin, que l'institution de ces conseils permettra de tenir les fidèles européens, au courant des œuvres les plus importantes dans chaque pays, et que cette connaissance provoquera de leur part plus de générosité, en faveur des *collèges, des couvents, des séminaires* etc.

Nous avons dit, en second lieu, que, pour rendre vraiment utiles les séminaires, il faudrait encore et avant tout des *hommes* capables, par leurs vertus et leur science, de leur imprimer une direction salutaire. On n'éprouve aucune peine à reconnaître, que les Eglises orientales ne présentent pas des sujets très-nombreux; mais elles n'en sont pas néanmoins tout-à-fait dépourvues, grâce au collége de la Propagande et aux progrès consolants qui ont été faits, durant ces vingt-cinq dernières années. Il serait toujours utile cependant, d'en former plus spécialement un certain nombre, dans ce but, comme on le fait du reste en Europe. C'est le seul moyen de n'être jamais surpris, par ces mille accidents, qui arrètent quelquefois les personnes les plus indispensables à l'entrée de leur carrière.

On doit désirer toutefois que les missionnaires européens prennent, dès le principe, et conservent longtemps la direction de ces oeuvres si importantes, parce que instruits, comme ils le sont, par les traditions non interrompues de plusieurs siècles, ils connaissant, généralement parlant, beaucoup mieux tout ce qui touche à la formation du sacerdoce. L'organisation et la direction des séminaires leur fourniraient d'ailleurs, les moyens de se rendre plus utiles. En effet, une grande partie des obstacles, contre les quels ils échouent, serait ainsi écartée; cette occupation, exigerait d'eux une préparation et des connaissances *moins spéciales*, et leur permettrait encore d'acquerir plus d'ascendant sur le clergé qu'ils auraient formé, sur le clergé auquel ils consacreraient leurs veilles, durant les années les plus pré-

cieuses de leur vie. Enfin, par suite de ces relations continuelles, qui existent entre le maître et le disciple, par
suite de l'échange des idées et des bons procédés, ils pourraient plus facilement détruire peu à peu les préjugés, en atténuant les tristes effets de ce *murmur Graecorum eo quod
despicerentur in ministerio* (*Act. Ap.* VI, 1), qui domine aujour-
d'hui encore, un peu partout en Orient, neutralise les plus sérieux efforts, et paralyse les intentions les plus bienveillantes.
Ce n'est pas une raison pour accuser ces peuples d'être pires
que les autres. C'est la nature humaine, qui est la plus coupable, parce qu'elle s'accommode difficilement, dans tout
pays, de la domination étrangère, quelque adoucie qu'elle
puisse l'être. Peut-on trouver étonnant, que le souvenir des
gloires antiques et des grandeurs d'autrefois, uni à la vue
des misères présentes, humilie profondément ces races et al-
lume, au fond de leurs cœurs attristés, quelques sentiments
d'aigreur et de jalousie?... On ne doit pas l'espérer.

Les Ordres religieux trouvent quelquefois, même dans nos
pays catholiques, des difficultés, à la suite de certaines antipathies qu'ils excitent, moins par leur faute, que par celle
des hommes, naturellement condamnés, tant qu'ils habitent
la terre, à se froisser mutuellement les uns les autres, souvent à leur insu et contre leur gré. Il y a cependant un fait
assez remarquable, c'est que les corporations, qui en ont toujours trouvé moins, sont celles, dont l'unique but a été la formation des élèves du sanctuaire. Nous pourrions facilement
citer des exemples. N'y aurait-il pas lieu d'espérer qu'il en arri-
verait de même en Asie, et que par suite, l'éducation du clergé
oriental par les missionnaires, est non seulement *le moyen,
le plus naturel, le plus sûr, mais encore le plus facile de*

*rendre toutes ces Eglises à la foi orthodoxe et par là même
à leur splendeur éclipsée?*

Tel est, ce nous semble , *l'objet principal* des fatigues des
ouvriers apostoliques de l'Eglise; telle est la portion du champ
qu'ils doivent avant tout féconder de leurs sueurs. Nous aimons du reste à reconnaître, que, durant ces derniers temps,
on a commencé a envisager les missions orientales sous
ce point de vue , qui semble devoir être le plus vrai, et
nous ne pouvons nous empêcher de rendre ici hommage aux
RR. PP. de la Compagnie de Jésus, qui ont pris l'initiative
dans cette heureuse innovation, avec ce rare talent , que tout
le monde aime à reconnaître et à louer dans l'Eglise de Dieu.
Aussi, toutes les âmes élevés, qui suivent avec intérêt les progrès de la civilisation et du catholicisme , dans les régions
si affligées de l'Asie, contemplent avec joie les développements,
que reçoit tous les jours le collège de Gahzir, et fondent, avec
raison , sur cet établissement des espérances de restauration
et d'avenir, qui ne seront certainement pas déçues. Ces mêmes
âmes augurent à toutes les chrétientés d'Orient, et nous
augurons avec elles à la Chaldée, des institutions modelées sur
celle, dont nous parlons , des institutions aptes à produire les
mêmes fruits et destinées à propager au loin les mêmes bienfaits.

Nous avons indiqué plus haut, qu'un des principaux moyens
de régénération pour l'Orient était la restauration de la vie
religieuse, et nous avons signalé, en peu de mots, les raisons,
qui semblent exiger l'existence simultanée des deux clergés
*séculier* et *régulier*, dans toute société chrétienne, pour qu'elle atteigne son parfait développement, pour qu'elle fonde
des œuvres, capables de soulager le plus grand nombre des

besoins de l'humanité. Nous voudrions dire ici ce qui existe encore en Asie, ce qu'il y aurait à faire, et ce qui pourrait être heureusement réalisé un jour.

L'Orient ne connut autrefois que deux ordres religieux d'hommes, celui de saint Basile, répandu surtout parmi les grecs et celui de St. Antoine, qui n'est pour ainsi dire pas sorti de l'Asie mineure et de l'Egypte. La vie religieuse a été très-peu florissante, parmi les femmes, parce que ces contrées ayant été toujours, depuis quinze siècles, exposées aux guerres et aux dévastations, n'ont jamais joui de la sécurité, et de la paix, qu'exige une telle œuvre. C'est, sans aucun doute, une des raisons pour les quelles l'histoire monastique ne parle presque jamais des couvents de femmes, chez les Orientaux. Les Nestoriens ont eu cependant quelques religieuses et il existe encore aujourd'hui dans le district de Merga. un monastère de ce genre, qui porte le nom de Mar-Phélion, comme on peut le voir, sur notre carte. Les religieuses vivaient donc, généralement parlant, au sein de leur famille et ne se distinguaient des femmes ordinaires que par une vie plus retirée, plus austère, plus vouée à la contemplation et à la prière. On le voit, tout est à faire, sous ce dernier rapport, en Orient.

Il n'en fut pas de même pour les hommes; l'ordre religieux de St. Antoine fleurit, en Asie et en Egypte, presqu'à l'égal de celui de St. Benoit en Occident. Les couvents furent très nombreux, chez les hérétiques et chez les quelques orthodoxes échappés au naufrage presque total, que ces régions firent dans la foi de l'Eglise catholique, du V<sup>e</sup> au VII<sup>e</sup> siècle. Ces laures furent toujours le refuge des arts et des sciences cultivées à cette époque, et fournirent, à peu près exclusivement, tous les

auteurs et tous les écrivains de quelque mérite , signalés par
l'histoire , au sein de ces sectes, qui allaient toujours à la dé-
rive, à mesure que le temps s'écoulait. Ces moines arrêtèrent
partout les progrès des ténèbres et lorsqu'il seurent totalement
disparu, l'Asie chrétienne tomba bientôt dans l'état d'abjection et d'ignorance, d'où le catholicisme cherche aujour-
d'hui à la retirer.

Depuis que les missions catholiques ont pu exercer une
certaine influence dans ce pays, la vie monastique a recouvré
un peu de vigueur, surtout dans ce siècle et dans le précédent.
La Nation Arménienne a vu renaître, en 1705, les institutions
religieuses, dans la personne des Mékhitaristes, aux quels leur
fondateur, le savant et pieux ab bé Mékhitar (1676-1749), donna la règle de St. Benoit, avec quelques légères modifications.
Gabriel Dembou († 1828) a rétabli l'ordre de St. Antoine en
Chaldée, vers 1808 [1]. Les Maronites possèdent des couvents
de cet ordre , depuis de longs siècles, et nous n'oserions
même pas affirmer que la vie religieuse se soit jamais éteinte
dans le Liban. Les Syriens sont encore privés de ce bienfaisant appui, aussi bien, que les Coptes et peut-être aussi les Melchites.

Tel est, généralement parlant, l'état actuel de la vie religieuse en Orient. N'en résulte-t-il pas, comme conséquence, que
les missionnaires catholiques doivent faire tous leurs efforts,
pour l'établir là, où elle n'existe pas encore, pour la vivi-
fier là, où elle végète, pour la développer là , où elle n'est
qu'à l'état de germe? La vie religieuse est plus qu'utile, elle
est nécessaire aux sociétés chrétiennes de nos pays ; mais,

1 Voir page 76 et suiv.

s'il en est ainsi pour nous européens, que de raisons spéciales exigent qu'on en favorise, par tous les moyens, la restauration parmi les chrétientés orientales, où tout est, pour ainsi dire, à réédifier. L'Islamisme a tout détruit, et l'Islamisme sait entasser les décombres. La religion catholique est seule capable de réparer les ruines, qu'il a faites et les dégâts affreux qu'il a commis. L'intérêt de l'Eglise et celui de l'Empire turc, l'intérêt des chrétiens orthodoxes et hérétiques, l'intérêt des musulmans eux-mêmes plaide en faveur de cette résurrection. C'est pourquoi, on ne doit point s'étonner, que « les « populations musulmanes de Constantinople, de Smyrne, d'A- « lexandrie accueillent déjà, avec une religieuse vénération, « les frères des écoles chrétiennes, les Sœurs de la Charité, « les missionnaires de St. Vincent de Paul ; » on ne saurait trouver étrange, que « le Sultan appelle des trappistes, pour « fonder une école d'agriculture auprès de Constantinople, « que le vice-roi d'Egypte bâtisse des écoles aux Lazaristes, « des écoles et des hôpitaux aux Sœurs de la Charité [1]. » Si de pareilles mesures n'étaient point dictées par une saine politique, elles le seraient par l'égoisme et le sentiment de la conservation personnelle, inné dans les sociétés, comme dans les individus.

Il faut donc seconder, tout d'abord, le développement des ordres religieux, qui existent en Asie, en leur procurant les moyens de restaurer leurs couvents délabrés, ou d'en construire de nouveaux. Tels qu'ils sont, même aujourd'hui, ces moines ont rendu d'immenses services aux sciences et à la religion. Les Mékhitaristes se sont acquis une bril-

---

[1] Rorbacher, *Hist. universelle de l'Eglise catholique.* Tome XXVI, page 593, 3e édition.

lante réputation, dans les lettres, et tendent à devenir les rivaux de gloire des bénédictins de St. Maur. Ils sont les seuls
missionnaires étrangers à l'Europe , qui aient pu, jusqu'à ce
jour, se charger d'une mission ; ils ont déjà fait un bien considérable et la nation arménienne leur doit , sans contredit ,
d'être en ce jour la plus florissante chrétienté de l'Orient. On a
vu aussi l'heureuse influence exercée par les moines antoniens
de Raban-Hormuz, en Chaldée [1], et personne n'ignore, que
la nation maronite est redevable à ses religieux de n'avoir
jamais renié la foi de ses pères et d'avoir produit au contraire, des écrivains , dont les œuvres n'ont pas été sans utilité
pour l'Eglise. Les noms des Amira, des Nairon et surtout des
trois immortels Assémani sont connus de tous ceux, qui ont
conservé en Europe le culte des lettres orientales, de la phi-
lologie sacrée et de l'archéologie ecclésiastique.

Tout porte donc à désirer qu'on donne, en Orient, une
nouvelle et vive impulsion à la vie religieuse, parceque c'est
surtout par son puissant intermédiaire , qu'on peut préparer une prompte régénération. Que faut-il en effet, pour
cette oeuvre? Avant tout, il faut des hommes *instruits, zélés* et *saints;* il en faut pour les séminaires, il en faut pour
les écoles, il en faut pour la direction des patronages d'ouvriers, des imprimeries, des fermes-écoles, etc... il faut surtout des apôtres et de saint prêtres. Or, l'expérience est là,
avec ses enseignements séculaires, pour démontrer, que, dans
tous les lieux, où il n'y a aucun bénéfice matériel à réaliser,
l'Eglise catholique seule peut fournir toujours des hommes capables de faire du bien. La même expérience est là aussi,

1 Voir pages 78-81.

et elle redit, à la gloire des Ordres religieux, qu'on n'a jamais vainement cherché au fond du cloître des prêtres morts à eux-mêmes, vivants tout entiers pour Dieu et pour le prochain; des travailleurs embrasés d'un zèle que rien ne rebute, doués d'une hardiesse, qui affronte tous les dangers; des ouvriers d'un courage, qui surmonte tous les obstacles, d'une énergie qui va jusqu'à l'effusion du sang; des apôtres enfin, animés du véritable esprit de notre Seigneur, qui peuvent seuls commencer et continuer la même œuvre, sans interruption et avec le même esprit.

La fondation des séminaires et la restauration des ordres religieux indigènes, en Orient, sont les deux œuvres fondamentales. Elles ne présentent pas, aujourd'hui surtout, des difficultés, ou invincibles, ou même plus qu'ordinaires; Mais ces deux choses suffisent-elles? Ne pourrait-on rien désirer de plus? Nous n'osons pas affirmer, que ces deux moyens ne puissent suffire à accomplir, avec le temps, l'oeuvre de la régénération si désirée; mais nous croyons qu'il serait peut-être possible de vouloir davantage. Qu'on veuille donc nous permettre de proposer encore d'autres moyens, et d'en examiner rapidement la *possibilité* et *l'opportunité*, sans préjuger en rien cependant les décisions, que l'Eglise seule peut porter en semblable matière.

Nous désirons soulever encore une fois le problème de *l'introduction des ordres religieux latins en* Asie mineure, non seulement *comme missionnaires* ou *maîtres d'écoles*, ce qui ne serait point nouveau; mais aussi, comme *rameaux* à greffer sur les souches vieillies de l'Orient, ou à planter dans le sol, pour leur faire prendre racine et *les y acclima-*

*ter* en quelque sorte, ainsi que, pour en citer un exemple, cela s'est pratiqué en Amérique.

Nous ne sommes pas les premiers à traiter cette question; elle a été encore assez récemment discutée dans une brochure, et nous en trouvons des traces, dans une lettre écrite, il y a dix ans, par un missionnaire à son supérieur. « Je crois « devoir vous faire, lui disait il, des ouvertures, sur un point « qui me parait toucher à l'un des côtés les plus impor- « tants de notre œuvre, la *restauration de la vie religieuse,* « parmi ces pauvres chrétiens.... Je verrais en effet, *dans* « *l'introduction de notre Ordre, au sein de ces contrées,* « le moyen le plus *efficace de procurer d'une part, à la* « *nation un élément de vie catholique, un clergé indigène,* « *sérieux et d'autre part, à la mission des recrues abondan-* « *tes et des collaborateurs... plus aptes à recevoir les dons* « *de Dieu, que nous à prendre l'homogénéité de langue et* « *d'esprit nationaux, dont le défaut nous rendra toujours* « *insuffisants à notre oeuvre, dans les détails du saint mi-* « *nistère* [1]. »

Nous ne saurions dire comment fut accueillie cette lettre, et quelles sont les observations qu'on fit aux projets qu'elle contient; il est certain toutefois, qu'ils ne purent être réalisés et sans aucun doute, pour d'excellentes raisons. La connaissance de ce fait jointe à l'absence de toute tentative dans ce sens, après tant de siècles d'apostolat, nous avaient presque totalement détournés nous-mêmes du dessein, que nous avions formé, de proposer de nouveau un problème, que toutes ces circonstances semblaient dénoncer

---

1 *Lettre communiquée.*

comme une pure et simple utopie, en matière religieuse. A-
près avoir néanmoins réfléchi, étudié, causé avec quelques
missionnaires, avec quelques personnes, qu'une longue expérience a habituées à découvrir promptement le côté pratique
ou faible d'une théorie, nous avons repris courage, et nous
nous sommes définitivement résolus à exposer brièvement
*les difficultés qu'on nous a opposées, les réponses qu'on
pourrait y faire,* et enfin *les avantages sérieux,* que semble
promettre l'établissement des ordres religieux latins, sur
le sol de l'Asie occidentale.

Tout le monde convient, qu'il y aurait, dès le principe,
quelques obstacles à renverser. Il faudrait des ressources
matérielles plus abondantes, pour bâtir ou restaurer des
couvents, pour leur fournir tout ce qu'exige la vie commune, etc.; il faudrait des colléges et des noviciats, des hommes spéciaux pour les diriger, des sujets connaissant les
langues, les mœurs et les rites des divers pays. Comme
on avoue cependant, que ces obstacles se rencontrent, plus
ou moins, partout où une oeuvre commence; que du reste il
serait possible d'en diminuer le nombre et la puissance, il
s'en suit, qu'on ne doit pas s'en préoccuper, si d'autres
difficultés plus sérieuses ne viennent entraver la marche vers
le but que l'on poursuit.

Or, si nous excluons ces premières difficultés, voici à peu
près toutes celles qu'on nous a proposées; on peut les ré-
duire à deux classes : les premières dérivent *des liturgies
propres à l'Orient;* les secondes consistent dans ce qu'on peut
appeler génériquement le *manque d'unité.* Disons rapidement
un mot sur chacune.

1.º L'Orient catholique, considéré au point de vue des rites, comprend six liturgies principales: les liturgies *Arménienne, Chaldéenne, Copte, Maronite, Melchite et Syrienne*. Si on introduit en Asie les grands ordres religieux européens, on ne peut, en règle générale, exclure de leur entrée, aucune des diverses nations que représentent ces divers rites. Mais comment procèdera-t-on? Fera-t-on adopter aux Orientaux le rit latin, ou bien laissera-t-on à chacun celui qu'il professait avant son entrée en religion?

Si on examine attentivement un pareil sujet, on peut être amené à croire, que l'Eglise verrait, sans trop de peine, toutes ces liturgies passer à l'état de lettre morte, pour devenir désormais un objet d'étude pour les savants, archéologues, théologiens, ou apologistes. Ces rites orientaux ont été utiles à la science sacrée et aux populations chrétiennes, qui, sans leur secours, auraient peut-être péri dans l'Islamisme, ou erreraient aujourd'hui sur l'océan du doute, sans ancre pour fixer leur nacelle, sans étoile et sans boussole pour voguer vers le port; c'est pourquoi les Souverains Pontifes ont toujours cherché à purifier ces rites à les expurger des erreurs, qui auraient pu s'y glisser; mais ces liturgies ont été aussi, pour les apôtres catholiques, une source féconde d'obstacles; sous ce point de vue, l'Eglise n'a jamais pu rien faire, pour les étendre, pour les developper, et il n'est pas probable qu'elle change de conduite à l'avenir. Elle respecte l'ordre établi ou permis par la Providence; elle souffre avec amour ces divergences dans les cérémonies saintes, parce qu'elle distingue derrière elles des âmes à sauver, et parce qu'elle trouve, dans ces rites, un moyen, plus facile de les conduire au ciel. Il n'est donc pas étrange qu' elle n' ait jamais permis, *en général,* aux orientaux de passer au rit latin ou à un autre rite oriental. Elle a autorisé ces changements pour *des individus* et *pour des motifs graves;* mais ses permissions ont été toujours *particulières* et *restreintes.* Si on agitait aujourd'hui encore la question, dans l' hypothèse, que nous faisons ici, de l'établissement des ordres religieux européens en Orient, il est probable, non seulement qu'elle leur permettrait, mais même qu'elle leur prescrirait la conservation de ces liturgies particulières, et cela pour deux raisons: 1.° pour ne pas provoquer *directement* la ruine des divers rites orientaux, en leur enlevant peu à peu l'élite de ceux qui les professent, au risque encore de faire périr les âmes; 2.° pour ne pas manquer un des principaux buts, qu'elle se proposerait en introduisant les ordres religieux latins en Asie, à savoir de faciliter sa régénération. Or, il n' en serait pas ainsi, si elle ravissait aux religieux indigènes le moyen de se rendre plus bienveillantes les populations.

Supposons dès lors, que l' Eglise maintienne ces liturgies, puisque c'est dans cette hypothèse surtout, qu'il y a des difficultés. Qu'arrivera-t-il? Le voici: 1.° il s'introduira, entre les membres d'un même ordre, une différence considérable, dans la manière de prier; car, le même couvent pourra contenir à la fois quatre, cinq, six rites divers. 2° d'après les constitutions des anciens ordres religieux, leur membres peuvent être changés *ad nutum superioris;* il faudra donc ou détruire cette règle et laisser les religieux orientaux en Orient, ou bien, si on les fait passer en Europe, en Amérique, en Chine, etc. d'autres difficultés surgissent. On sera obligé, ou de leur faire adopter le rit latin, ou de leur laisser celui qu'ils professeront, et, dans les deux cas, il y a des inconvénients; dans le premier, c'est celui d'une mutation, qui peut devenir fréquente; dans le second, c'est un embarras notable pour le religieux d'Orient, qui n'aura pas toutes les facilités désirables, pour prier, surtout lorsqu'il aura besoin, dans ses rites, du secours d'autrui.

2.º Telle est, dans toute sa force, la première difficulté qu'on nous objecte; nous avons parlé d'une seconde, qu'on peut qualifier génériquement de *manque d'unité*, et par là, on entend parler de cet *unité d'esprit, de pensées, d'aspirations*, au moyen de la quelle les corporations subsistent dans toute leur vigueur et sans la quelle, les plus puissantes ne tardent pas à se dissoudre. C'est le *cor unum et anima una*, dont parle l'écriture, et le *mens agitat molem* du poète, qui expliquent les succès et les revers de toutes les sociétés, civiles ou religieuses.

On rencontrera, nous dit-on, deux grands obstacles dans l'établissement de cette *unité d'esprit*; le premier viendra du manque *d'une langue commune*, dans les correspondances, entre les religieux d'Orient et leur supérieurs de Rome. Cette correspondance doit être néanmoins des plus suivies, des plus fréquentes, parcequ'il y a continuellement des conseils à demander sur des situations embarrassantes, sur des mesures à adopter, etc.; des éclaircissements à solliciter sur les constitutions, sur les règles, etc. Le second est créé par les susceptibilités traditionnelles des peuples de l'Orient, par *ce murmur graecorum* etc. (*Act. Apost.* VI, 1), ce mécontentement, qui les empêchera de se laisser gouverner par des européens. C'est ce même esprit, qui a créé tant de difficultés aux missionnaires, dans le passé, et on ne peut douter qu'il n'en créât aussi aux ordres religieux, dans l'avenir. Telles sont les grandes difficultés.

On est obligé de reconnaître en effet, que, ces deux difficultés seront *réelles* tout d'abord, et qu'il faudra, par suite, faire, pour en triompher, un peu plus d'efforts que n'en demanderait, en pareil cas, la même oeuvre en Occident ; mais on doit avouer aussi, qu'elles iront s'atténuant, de jour en jour et d'une manière rapide. I.º Celle qui naît de la différence des rites est la plus sérieuse, quoiqu'elle soit loin d'être insurmontable. Elle sera très amoindrie, du jour où les Orientaux seront dotés d'une solide éducation littéraire et d'une bonne formation ecclésiastique. Nous l'avons présentée sous ses aspects les plus décourageants, mais nous devons observer, qu'on ne verra jamais se produire tous les obstacles, que nous avons énumérés plus haut et qui pourraient en découler à la rigueur. L'Asie mineure est assez vaste et on y trouve assez d'œuvres à fonder, pour qu'on puisse, dès le commencement surtout, y occuper tous les missionnaires indigènes, sans admettre toutefois en principe une *inamovibilité* même *partielle,* qui serait contraire et conséquemment nuisible aux constitutions de la plupart des anciens ordres religieux. N'est-ce pas ainsi d'ailleurs, qu'on envisage la question même en Occident, et ne laisse-t-on pas, généralement parlant, les membres des diverses corporations chrétiennes faire le bien dans le pays, où il a plu à la Providence de les faire naître? Envoie-t-on, pour citer un exemple, tous les Jésuites italiens en France et tous les Jésuites français en Italie? Assurément non. On peut supposer dès lors qu'on agira de même par rapport aux religieux de l'Orient, et que, par conséquent, toutes ces hypothèses, que nous avons faites, ne se réaliseront jamais.

Il n'est pas hors de propos encore de remarquer, que tous les obstacles, résultants de la diversité des liturgies, ont été vaincus autrefois par les RR. PP. Dominicains, qui ont possédé, pendant assez longtemps, une province en Arménie, à une époque, où la liberté accordée, au catholicisme était loin d'être aussi étendue qu'elle l'est aujourd'hui. On nous objectera peut-être qu'on n'en retira point tous les heureux fruits, qu'on en avait attendus, et que du reste elle n'existe plus, depuis un siècle; mais nous ferons observer, qu'on doit en rejeter principalement la faute, sur ce que les religieux arméniens adoptèrent la liturgie latine, en conservant leur langue nationale. Cette mesure avait l'inconvénient majeur, non seulement de ne procurer aucun des avantages inhérents à l'adoption pure et simple des liturgies orientales, mais encore d'augmenter les obstacles et de fortifier les préjugés. La diversité de langue, qui crée toutes les vraies difficultés, subsistait toujours, et le rit latin rendait les religieux arméniens suspects à leurs compatriotes, qui, orthodoxes ou hérétiques, ont toujours témoigné un amour profond pour leurs rites antiques et leurs cérémonies sacrées. Malgré ce vice originel, cette province subsista de longs jours, rendit des services incontestables et si elle périt, au dernier siècle, ce ne fut qu'à la suite des guerres exterminatrices de Thomas-Kouli-Khan et des nombreuses persécutions, qui en furent et l'accompagnement et la conséquence.

II.° La seconde difficulté, qui viendrait du *manque d'unité,* nous semble plus spécieuse que vraie; et pour en montrer brièvement la faiblesse, nous pouvons insinuer d'abord, qu'on trouverait dans la langue latine un moyen d'union entre les religieux d'Asie et ceux d'Europe, de telle sorte que cet idiome deviendrait, non seulement la *langue ecclésiastique,* mais encore la *langue religieuse,* ou, pour mieux dire, il ne peut devenir la *langue ecclésiastique en Orient,* que tout autant qu'il y sera introduit par les *ordres religieux.* Dès le principe, il faudra l'enseigner aux novices, comme une foule d'autres connaissances, puisque cette partie de l'Asie n'a, pour ainsi dire, pas d'éducation littéraire. Cette difficulté disparaîtra du reste, à mesure qu'on fondera des écoles. Aujourd'hui même, elle n'existe plus en certains endroits; sopposons par exemple, que les PP. de la Compagnie de Jésus veuillent choisir des novices, dans leur collége de Gahzir; n'en trouveraient-ils pas qui savent écrire non seulement en latin, mais encore en français et en italien? N'en a-t-on pas d'ailleurs triomphé en Chine, aux Indes et dans une foule d'autres pays? Les Chinois ont revêtu quelquefois l'habit de St. Dominique et nous en voyons, dans l'histoire, un, du nom de Grégoire Lopez, qui a été le premier et le seul de sa nation à devenir Evêque.

Si nous examinons encore la seconde cause du *manque d'unité,* on peut dire que l'introduction des ordres religieux en Asie serait peut-être le meilleur moyen de la neutraliser. Cette jalouse défiance provient en effet 1.° du souvenir d'un passé glorieux; 2.° de la vue des misères et de l'abjection présentes; 3.° de l'impossibilité où sont les orientaux de se relever, si l'on ne vient à leur secours Or,

il semble évident, que ces trois motifs, suffisants pour rendre
raison de toutes les susceptibilités, seraient atténués par la
formation du noviciat et complètement dissipés par les générations de religieux dévoués, d'hommes éminents par
l'esprit et par le cœur, qu'on ferait surgir, au milieu de ces
peuples, pour les fortifier dans le bien et les initier ensuite
aux sciences et aux arts? L'Orient commence à être rendu
enfin à la civilisation; les oeuvres peuvent, dès lors, être établies, sans courir des dangers aussi graves que par le passé et opérer, par suite, les heureux résultats, qu'on a obtenus partout ailleurs. Remarquons enfin qu'on ne trouve
nulle part une unité parfaite et absolue, et qu'on découvre
des différences notables de pensées et d'aspirations, même
dans les ordres religieux occidentaux les plus connus cependant, pour détruire le cachet individuel ou national?

Tels sont les plus sérieux obstacles, que peut rencontrer
l'établissement des institutions monastiques européennes, en
Asie; énumérons simplement les avantages, qui en résulteraient. Les développements, donnés dans l'esquisse sur la Chaldée et dans ce dernier paragraphe, nous dispenseront d'entrer
dans beaucoup de détails. Quelques mots pourront suffire.

Parmi ces avantages, il en est qui concernent plus particulièrement l'Eglise; les autres regardent les intérêts généraux de
l'humanité et de la civilisation. Sous le premier point de vue,
l'établissement des ordres religieux européens en Orient, y
constituerait sous peu: 1.° un clergé indigène, vraiment capable d'accomplir sa mission, par les lumières et la piété,
qu'on lui communiquerait et surtout, par le célibat, que l'institution des séminaires et des couvents ne pourrait manquer d'établir en Asie, aussi bien qu'ailleurs. 2.° Des ordres

religieux aussi puissants et aussi dévoués au bien que dans nos pays, des ordres religieux très-aptes, par conséquent, à seconder le clergé national, à suppléer son insuffisance, dans une foule d'œuvres, qu'on doit nécessairement fonder, au milieu de ces races infortunées. Ce ne serait pas du reste, la cause seule des Eglises orientales qu'on servirait par ces modifications introduites dans la manière d'évangéliser l'Orient; l'Eglise catholique toute entière s'en ressentirait. La formation sérieuse d'un clergé indigène, la multiplication des œuvres utiles, mais avant tout la fondation, d'ordres religieux ayant les mêmes règles, le même esprit, les mêmes supérieurs que les nôtres répandus déjà, dans tout le reste de l'univers, augmenteraient notre force et conduiraient *aux quatre grands résultats suivants,* qui intéressent la société chrétienne toute entière.

I.° Tous ces divers moyens supprimeraient l'*isolement,* si funeste aux divers membres de l'Eglise catholique, cet isolement, dont nous avons signalé, pour ainsi dire, à chaque page de cet écrit les déplorables effets en Chaldée. Les relations seraient fréquentes, continuelles entre l'Orient et l'Europe, surtout, entre Rome l'Eglise-mère et ses filles d'Asie. D'une part, il y aurait des conseils à demander, des lumières à recevoir et de l'autre non seulement la facilité, mais encore le désir de tout communiquer. On comprendra toute la gravité de cette raison, si on veut bien songer, que les auteurs les plus graves attribuent, comme nous l'avons fait nous-mêmes (p. 20 et suiv.), les ruptures fréquentes de l'*union,* entre l'Eglise d'Occident et l'Eglise d'Orient, à ce manque de relations: « Les Nestoriens, dit Joseph Assémani, « n'auraient jamais rompu l'union établie, s'ils avaient eu à « Rome des représentants, et si Rome leur eût, à son tour,

« envoyé des délégués. *Si Nestoriani suos Oratores apud*
« *Sedem Apostolicam haberent, et haec illos per litteras lega-*
« *tosque perpetuo visitaret , initam semel Concordiam , ut vi-*
« *detur, nunquam abrupissent* [1]. » L'histoire de l'Eglise confirme surabondamment les observations de cet auteur illustre,
et fait toucher au doigt, en quelque sorte, ce grand enseignement , que l'unité de l'Eglise a été toujours en rapport direct
des relations, que les membres ont entretenues avec le vicaire
de Jésus-Christ , avec la tête, le centre et le coeur de la société chrétienne. Jamais cette vérité ne parut plus évidente
que de nos jours.

II.° On a déjà montré, combien il importe, que chaque
pays subsiste non *pas isolé*, mais cependant avec ses propres ressources, autant que possible (voir page 147-148). La
domination de l'étranger , quelque atténuée qu'elle puisse
être , n'est jamais bien accueillie nulle part, et c'est là, sans
doute, un des plus grands obstacles, que le missionnaire
rencontre partout. Il semble bon néanmoins qu'il fonde les
oeuvres, et qu'il en aie la direction dès l'origine, afin d'initier
les Orientaux à en retirer plus tard tous les bons résultats
qu'elles peuvent produire, lorsqu'elles passeront entre leurs
mains. L'établissement des ordres religieux européens, au
milieu de ces peuples, permettrait d'opérer insensiblement et
par là même, sans secousse, une transition évidemment nécessaire, du jour, où les chrétientés orientales pourront se suffire
à elles-mêmes.

III.° Nous avons indiqué aussi quelques unes des raisons, qui
rendent indispensable pour l'Eglise catholique l'emploi d'une
langue universelle, comme elle-même, afin que ses enfants ré-

1 *Assémani*, B. O. t. III, p. II, p. 413.

pandus dans tout l'univers puissent communiquer avec le centre. Le latin a été adopté dans ce but depuis les temps les
plus reculés; il semble, que son introduction en Orient deviendrait plus facile par la fondation d'ordres religieux affiliés à
ceux d'Europe. Cette langue, en servant encore de base aux
études littéraires et ecclésiastiques, faciliterait la formation si
nécessaire du sacerdoce, qui, sans elle, demeure, avons-nous
dit, non pas impossible, mais au moins limitée à un très-
petit nombre d'individus.

IV." Comment ne signalerions-nous pas enfin, parmi les
principaux avantages, le raffermissement de l'unité, dans
la sainte Eglise? Elle sera basée, non plus seulement
sur la conformité absolue des croyances, mais encore, sur
l'identité des pensées, des désirs, des aspirations, etc. l'E-
glise Romaine respectera. comme elle l'a toujours fait, tout
ce qu'il y aura de bon et d'utile dans ces chrétientés antiques et verra tomber peu à peu tous les préjugés, si nuisibles au bien général, en face de ses intentions mieux connues et de ses tendresses mieux appréciées. Ses lois seront
parfaitement obéies, et les quelques tiraillements, provoqués,
comme nous l'avons dit plus haut, et par le souvenir des gloires et des splendeurs passées, et par la vue des misères et de
l'abjection présentes, et par suite de l'ignorance et des préventions qui en sont la conséquence, et enfin par l'impuissance
de surmonter tant de malheurs; ces tiraillements auront une
fin et disparaîtront sans retour. Si on peut juger de l'avenir
par le passé et le présent, les dangers de schisme s'évanouis-
sent désormais de plus en plus pour les Catholiques. L'Eglise
aura, sans doute, à souffrir toujours de quelques uns de ses
enfants rebelles, qui l'abandonneront, renieront ses bienfaits,

mépriseront ses anathèmes, contesteront ses droits et combineront même leurs efforts pour la détruire; il semble néanmoins impossible, que des rameaux considérables se détachent à l'avenir du tronc, et qu'ils conservent cette unité de croyances et de pratiques chrétiennes, qui rendrait leur séparation d'autant plus dangereuse qu'elle serait plus capable de faire illusion sur le peuple fidèle. Les deux camps ennemis, qui se divisent toujours plus ou moins l'humanité, se dessinent de mieux en mieux, dans ce qu'on appelle le monde civilisé. Ils étaient naguères admirablement figurés par les deux armées, qui se battaient presque sous les murs de Rome, l'une composée de la fleur de notre société contemporaine, c'est-à-dire de tout ce qu'il y a de plus noble par le coeur et l'intelligence; l'autre formée de la lie la plus vile et la plus abjecte des bagnes non seulement de l'Italie, mais encore de toute l'Europe. Désormais c'est Dieu, l'Eglise, les vrais fidèles, qui se trouvent aux prises avec Satan, avec les rationalistes, et les athées. Le péril d'un schisme dans l'Eglise catholique semble donc avoir disparu; toutefois, s'il existait encore quelque part, ce serait en Orient, parce que l'ignorance et le préjugé y conservent de l'empire. Bannir l'une et l'autre, c'est donc consolider par là même l'unité, qui est la première marque de la véritable Eglise.

Voilà les avantages généraux, qui résulteraient pour la société chrétienne de l'établissement des principaux ordres religieux d'hommes et de femmes, en Orient, des Jésuites, des Lazaristes, des Soeurs de Charité, des Dames du Sacré-Coeur, etc. Faut-il dire encore que l'humanité et la civilisation y trouveraient aussi les leurs, que les arts et les sciences seraient restaurés, parmi ces peuples, que le

sol serait fouillé et qu'il livrerait ses trésors enfouis? Non,
tout le monde comprend assez, que ce serait le salut de
l'Orient et que l'Eglise fonde le vrai progrès, partout où sa
force divine se fait pleinement sentir. Nous laissons dès lors à
l'esprit de nos lecteurs à entrevoir tout le bien possible et par
là aussi, tous les heureux résultats qu'on réaliserait; nous ne
pouvons pas tout dire dans un opuscule, aussi court que
doit l'être celui-ci; mais nous désirerions cependant en dire
assez, pour éveiller l'attention et la fixer, autant que cela
peut dépendre de nous, sur un côté si important des missions catholiques.

Nous avons présenté les obstacles, indiqué sommairement
le moyen de les vaincre, et signalé seulement à grands
traits les avantages, que semble offrir, de nos jours, la réalisation de ce plan. Avant de jeter par écrit nos pensées,
nous avons consulté des missionnaires, de simples religieux,
même des Orientaux. Nous ne cacherons point, que quelques
uns nous ont manifesté de l'étonnement et des craintes en
nous entendant formuler un semblable projet; d'autres y
ont vu des difficultés, mais aucune d'insurmontable, surtout
lorsqu'elles sont contrebalancées par de sérieux avantages;
d'autres enfin nous ont paru désirer, autant ou plus que
nous, de voir se réaliser un pareil dessein. Un ancien missionnaire, qui partage du reste pleinement ces vues, depuis
de longues années, nous a déclaré que la question pourrait
être de nouveau utilement discutée pour son ordre, parce
qu'en ce moment même plusieurs orientaux demandent à y
entrer. Il s'est trouvé néanmoins, sur nos pas, un vaillant
contradicteur, qui, partant des faits examinés sur les lieux
mêmes, ne croyait pas les Orientaux capables de fournir

au sacerdoce des prêtres pieux et éclairés, au cloître des religieux pleins de zèle et de vertu. Pendant qu'il développait cette incroyable théorie, sa voix, son regard, son geste s'animaient, les figures et les textes bibliques venaient émailler son discours et finalement il comparait les peuples dévoyés de l'Asie à ces animaux, dont il est dit dans les visions d'Ezéchiel : *Ibant et non revertebantur* [1].

Nous laissons à son auteur à justifier l'interprétation de ce texte et nous signalons brièvement une des plus solides raisons, qui rendent impossible, à son avis, l'établissement des ordres religieux latins en Orient. « Ces religieux seraient, di- « sait-il, ou *mendiants*, ou *non mendiants*. Dans le premier cas, « comment pourraient-ils subsister? Dans le second, est-il « permis de croire, que le gouvernement turc leur permît « de posséder? » Tel est l'argument le plus sérieux, au moyen du quel notre théorie était battue en brèche, et on peut dire de tous les autres : *ab uno disce omnes*. Hâtons-nous d'ajouter cependant, que l'auteur de cet insoluble dilemme n'a point tardé à en montrer le côté faible, en avouant que les Turcs eux-mêmes auraient assez d'humanité pour ne point refuser l'aumône. Quand aux ordres religieux *non mendiants*, c'est aujourd'hui un fait de notoriété publique, qu'ils sont assez libres en Asie et que les moines indigènes acquièrent des biens, depuis de longs siècles, (voir page 80-81); on se demande mê-me, en présence des excès de la révolution en Europe, si la Turquie ne sera pas bientôt le dernier pays, où l'Eglise soit admise à posséder des immeubles. Nous avons pris à coeur de mentionner toutes les difficultés, qui nous ont

---

1 Ezéchiel. I, 17.

été proposées, ou qui nous ont paru pouvoir l'être ; nous cherchons la vérité avant tout , et , comme nous l'avons dit plus haut, nous désirons que le lecteur soit mis en état de juger par lui-même. Puissent, du choc des opinions diverses, jaillir enfin quelques rayons de lumière!

Supposons du reste pour un moment, qu'il ne soit pas possible d'établir les ordres religieux latins, chez les Orientaux, en y fondant de nouvelles provinces , de telle sorte que ces moines d'Asie ne fassent qu'une seule et même famille avec ceux d'Europe, et dépendent des mêmes généraux , il n'en reste pas moins à examiner plusieurs autres questions. On pourrait , en effet , se demander tout d'abord , s'il ne serait pas opportun de susciter au moins, dans ce pays, quelques ordres nouveaux, en leur donnant les règles des religieux européens, pour leur communiquer plus sûrement leur esprit et hâter par là même la rénovation de ces contrées. Nos pays plus fortunés possèdent des Congrégations nombreuses et toutes cependant sont utiles, parce que chacune répond à un besoin de la société chrétienne. L'Asie mineure au contraire ne renfermait, il y a peu d'années, que les Mékhitaristes pour l'Arménie et l'Ordre de St. Antoine pour les autres peuples chrétiens, à moins toutefois que les Melchites n'aient quelques couvents de Basiliens. Nous ne parlons que des hommes; car, il n'y avait pour les femmes aucun institut connu même simplement de nom. Les besoins sont pourtant, non seulement les mêmes qu'en Europe, mais encore infiniment plus grands; ils exigent par conséquent, qu'on y introduise des institutions capables de les soulager, qu'on y établisse, par l'intermédiaire d'une sainte et louable émulation, une heureuse concurrence, qui tournerait inévitablement au sa-

lut des âmes et à la gloire de l'Eglise. Restreint à ces limites, ce plan n'offre plus de sérieuses difficultés et présente
cependant assez d'avantages, pour qu'il puisse mériter quelque attention de la part de ceux, qui s'intéressent à la résurrection de l'Asie chrétienne.

La lecture de l'histoire des missions orientales et la connaissance des obstacles, qui ont paralysé leurs succès, porteraient
aussi à examiner encore, s'il ne serait pas utile de faire adopter à quelques religieux européens les rites orientaux, pour
les rendre plus aptes à inoculer aux chrétiens d'Asie, la sève,
la vigueur, l'esprit et la vie, qui circulent largement dans les
puissantes artères de l'Eglise catholique en Europe? L'immortel
Assémani, recherchant les causes qui avaient fait rompre si
souvent l'union des Eglises orientales avec le St. Siége,
signalait celle de l'ignorance des langues et des rites,
comme une des principales. « Les missionnaires, dit-il, soulè-
« vent à propos des rites, des questions inutiles, qui appor-
« tent plutôt la perturbation que la conciliation parmi ces
« hommes attachés à leurs coûtumes avec beaucoup de téna-
« cité: *Missi Apostolici, qui ad illos a summo Pontifice destinan-*
« *tur, linguas eorum Ritusque ut plurimum ignorant... inutiles*
« *de Ritibus quaestiones persaepe movent, quae tenacissimos*
« *consuetudinum suarum homines potius perturbant quam con-*
« *ciliant* [1]. » Il n'y a pas de doute en effet, que, si les
missionnaires catholiques avaient toujours connu les langues
et les liturgies de l'Orient, ils auraient trouvé beaucoup
moins d'obstacles et leurs travaux auraient porté plus de
fruits. Une expérience séculaire de ce fait désastreux serait

1 B. O. t. III, p. 2, p. 413.

peut-être un motif suffisant, pour laisser adopter ces liturgies par ceux au moins, qui pourraient être chargés de jeter les fondements des séminaires et des nouveaux ordres
religieux nécessaires à l'Asie. Ce serait, non seulement un
excellente manière de faire pénétrer nos idées, au milieu de
ces chrétientés souffrantes, de déposer dans leur sein un généreux élément de vie ecclésiastique, de propager davantage
cette fraternité, qui doit unir tous les membres de l'Eglise;
mais encore et surtout, de préparer pour l'avenir de puissants
moyens de restauration, par la formation sérieuse du clergé indigène. La science sacrée y trouverait aussi ses avantages; les langues de l'Orient, dont tant de Souverains Pontifes ont recommandé la culture, seraient alors étudiées plus
soigneusement qu'elles n'ont pu l'être jusqu'à ce jour, et
les liturgies antiques de ces Eglises deviendraient des trésors ouverts, où tout le monde pourrait puiser. Cette innovation semble pouvoir être très-utile à la cause de la foi;
car, l'homme se laisse toujours dominer par la supériorité de
l'esprit et l'abondance des lumières. Tout le monde sait, en effet, que les succès brillants des missions de la Chine, au XVIIe
siècle, furent dûs en grande partie aux soins, qu'apportaient
les PP. Jésuites à s'instruire à fond, dans les sciences chi-
noises. L'homme n'est-il point partout le même et ce qui
réussit en Chine, au XVIIe siècle, ne pourrait-il pas réussir
en Asie, au XIXe? L'adoption des rites orientaux par quelques missionnaires latins n'est pas du reste, tout-à-fait
sans précédents; les pères de la Compagnie de Jésus pos-
sédaient autrefois à Rome, la direction du collège des Maronites et il y en avait toujours un parmi eux, qui embras-
sait le rite de ces clercs orientaux. Il serait peut-être pos-

sible, de fonder en Europe une instituion, où on prépare-
rait, de bonne heure, à l'étude de ces langues et de ces
liturgies quelque jeunes gens choisis, pour les envoyer
ensuite, comme missionnaires, en Orient, répandre avec
plus de facilité et de zèle la parole divine. L'application d'un
tel système ne serait pas sans profit, et nous l'avons vu goûter par un religieux, qui combattait du reste un peu trop,
à notre avis, *la régénération de l'Orient par l'Orient lui-
même.* Ce plan ne paraît cependant *réalisable,* que tout
autant qu'on choisira ces futurs apôtres, parmi les jeunes
novices des ordres religieux.

L'exécution d'un pareil dessein permettrait d'abroger insensiblement certaines prescriptions, qui, quoique très-utiles à
d'autres époques, créent néanmoins aujourd'hui beaucoup
de difficultés. Tout le monde sait, par exemple, qu'il est
défendu aux latins et aux orientaux de recevoir la sainte
communion de la main d'un prêtre, qui n'est point de leur
rite. Or, nous avons entendu raconter à un missionnaire les
nombreux embarras, dont cette prescription avait été pour
lui la source, durant le cours de son apostolat. Les RR. PP.
Dominicains de Mossoul en ont obtenu la dispense pour eux,
mais pareille permission n'ayant pas été accordée au clergé
chaldéen, les difficultés, au lieu de diminuer, n'ont fait que
s'accroître. Les controverses sur la St. Eucharistie ayant
disparues, les relations entre l'Orient et l'Occident étant
devenues plus fréquentes, le moment n'est peut-être pas
éloigné, où cette législation pourra être modifiée, sans danger pour le dogme et pour les âmes.

Voilà quels seraient, ce semble, les moyens les plus ap-
propriés à la fin qu'on se propose d'atteindre en Orient. Ce

n'est pas ici, qu'on peut descendre dans tous les détails d'un plan de missions; nous avons voulu émettre simplement quelques pensées sur ses bases et nous laissons au temps, à la réflexion, à la sagesse de l'Eglise à choisir ce qu'il peut y avoir de bon et d'utile pour en faire l'application, si jamais les circonstances paraissent favorables. Quel que puisse être l'accueil, qu'on fera aux théories esquissées dans ces quelques pages, il faudra longtemps encore, avant qu'elles puissent être mises en pratique. Les innovations les plus désirables, et dont le succès est le plus sûr, demandent à être longuement méditées; il faut ménager les transitions, préparer les esprits avant d'exécuter des changements, qui froissent toujours certaines individualités et sont par suite, momentanément au moins, nuisibles au bien général. N'est-ce pas dire, que nous sommes loin de nous attendre à voir ces idées provoquer immédiatement des modifications radicales, dans la manière de procéder à la régénération de l'Orient? Nous ne pouvons pas cependant nous empêcher de remarquer qu'on a fait quelques pas dans ce sens; le Liban possède déjà un ou deux ordres indigènes, récemment fondés pour l'éducation de la jeunesse; nos religieux et nos religieuses sont favorablement accueillis par le gouvernement turc et les Syriens soupirent après la restauration de la vie monastique, dans leur pays. Ce sont de vrais succès et ces résultats consolants permettent d'espérer, qu'on ne s'arrêtera pas après cet heureux début.

Nous pourrions a la rigueur terminer ici ces réflexions sur l'Orient, que nous avons envisagé principalement, au point de vue de sa rénovation chrétienne et de son retour entier et complet à la foi orthodoxe; mais quoique nous ayons eu sur-

tout devant les yeux, la restauration de la vie sacerdotale et
monastique, cette attention accordée spécialement au clergé
séculier et régulier ne nous a point fait oublier le peuple
fidèle ; et d'ailleurs, le meilleur moyen de le régénérer,
n'est-il pas de relever tout d'abord ceux, qui ont la mission et la charge de le conduire, à travers les épreuves de
la terre, au bonheur des cieux? Le sacerdoce n'existe-t-il
pas, en dernière analyse, pour la sanctification du peuple
croyant, et ne rend-on pas à la société chrétienne le plus
signalé de tous les services, en lui procurant des prêtres
à la hauteur de leurs devoirs?

Les œuvres accessoires, dont la fondation secondera très-utilement celle des séminaires et le rétablissement de la vie religieuse, surgiront d'elles-mêmes, à mesure que des besoins
nouveaux en feront sentir plus vivement la nécessité. Ce n'est
point par une œuvre seule, qu'on peut espérer de rendre à
l'Orient quelques unes de ses gloires éclipsées; nul peuple ne
se relève d'un seul coup, et par l'emploi d'un moyen unique.
La vraie sagesse consiste donc à discerner l'institution qui
est d'abord la plus indispensable. Les séminaires et les écoles appelleront a leur secours des imprimeries et nous pourrions rappeler ici, tout ce que nous avons dit plus haut sur celles de la Chaldée ; les fermes-écoles s'élèveront a côté du couvent des trappistes en Orient, comme en France, et appren-
dront au peuple à creuser un sol, qu'il suffira de fouiller,
pour le voir se couvrir aussitôt des plus riches moissons ; les
écoles d'arts et métiers accompagneront aussi les frères des
écoles chrétiennes, pour enseigner aux orientaux à transformer
les éléments fournis par le sol et à sortir enfin de cette misère,
qui arrête toujours forcément le genre humain, sur le plan

incliné de sa perfection indéfinie, dont il voudrait gravir les
sommets; des temples plus décents surgiront du sol, pour réunir, le matin et le soir, les âmes chrétiennes, en les invitant
à la prière, et l'Asie sélèvera ainsi peu à peu au niveau intellectuel et moral de nos pays les plus chrétiens, grâce au secours que lui prêtera l'Eglise. Il ne faut point se dissimuler
néanmoins, qu'il y a beaucoup à faire, surtout dans certains
pays, en Chaldée par exemple. Citons encore un trait. Les
feuilles périodiques nous entretenaient, il y a quelques jours
à peine, de la chapelle, que les RR. PP. Dominicains font bâtir à Mossoul, c'est-à-dire, dans une des principales provinces
de l'empire turc. Croira-t-on, qu'il a été impossible de trouver, dans une ville de 50 à 60,000 habitants, un ouvrier capable de fabriquer un cabestan et qu'un mauvais chariot de formes très-rustiques a excité une curiosité et une admiration uni-
verselles?.. Quand nous lisions ces détails, notre pensée se re-
portait plusieurs siècles en arrière, et nous nous demandions,
si l'on ne pourrait point faire revivre quelques unes de ces as-
sociations d'artistes chrétiens, qui, durant le moyen âge, s'en
allaient de ville en ville, de province en province, consacraient
leur vie obscure aux yeux des hommes, mais illustre aux yeux
de Dieu, à bâtir des temples en l'honneur de la Trinité auguste,
de la Madonne et des Saints, les ornaient de ces flèches élan-
cées que nous admirons encore, de ces sculptures habilement
fouillées, de ces peintures naïves, seuls débris de leur existence pieuse et chrétienne, qui émerveillent nos regards et
émeuvent profondément nos cœurs! Nous nous demandions enfin, si ces institutions et ces confréries d'artistes ne pourraient
pas combler quelques unes de ces nombreuses lacunes, que

le semeur de la parole divine laisse toujours forcément après lui, sur son passage !

Ce ne seront pas du reste les seuls bienfaits, que la chrétienté d'Asie recueillera de l'introduction des institutions européennes, à la suite de nos ordres religieux. Nous avons signalé déjà l'ignorance et le délaissement, où on laisse vivre la femme, la mère de famille; on a vu encore le dénûment affreux de tant de temples chrétiens, où il n'y a pas *même un tabernacle assez décent pour recevoir Jésus-Christ.* Peut-on douter un instant, que du jour, où nos sœurs d'Europe, *Dames du Sacré Cœur, Filles de la Charité,* etc., pénétreront dans ces régions désolées, tant de misères ne reçoivent un prompt secours L'éducation de la femme ne sera plus aussi négligée et les Églises seront pourvues, en peu de temps, de tout ce qui a rapport à la célébration de nos saints et augustes mystères. Nous laissons à deviner tous les inconvénients, qui doivent résulter de tant d'ignorance pour la vie de famille, privée de ces mille soins, qui forcent tout un peuple à végéter sous les haillons de la plus désolante pauvreté. Ce sont là d'immenses besoins, auxquels il faut subvenir, autant que possible, parce qu'ils exercent la plus triste influence sur l'avenir des nations. L'expérience a montré partout, qu'on pouvait compter, à bon droit, sur les institutions chrétiennes, sur les écoles, en particulier, pour déraciner tant de maux et propager de grands bienfaits. Nulle part, il ne saurait être plus nécessaire et plus indispensable qu'en Orient d'en fonder un grand nombre, si on veut retirer ces peuples asiatiques de leur abjection profonde et les élever rapidement au niveau de notre civilisation.

Honneur donc à ces hommes d'élite, qui ont, il y a quelques années à peine, fondé, dans la cité des arts et de la puissance moderne, *l'Oeuvre des Ecoles d'Orient!* Ils ont découvert le mal qu'il fallait combattre et ils n'ont pas hésité, un instant, à lui appliquer le vrai remède. Quoique jeune encore, cette oeuvre a rendu d'immenses services aux chrétientés d'Asie et on aime déjà, de toutes parts, à saluer en elle la vraie croisade, la croisade pacifique, dont l'action, pour être plus lente, n'en sera que plus sûre, parce qu'elle s'attache à détruire l'ennemi de toute civilisation chrétienne: *l'ignorance.* Elle y réussira sans doute, et aura par là même l'honneur d'avoir rendu l'Orient à sa foi et à ses glorieuses destinées!

Quelle gloire et quels triomphes pour l'Eglise, du jour où l'Asie possédera un clergé pieux et instruit, des religieux pleins d'abnégation et de foi! L'Orient et l'Occident s'embrasseront enfin dans une fraternelle et indissoluble union. Ravivées par le zèle et les labeurs des missionnaires, les oeuvres passeront insensiblement entre les mains des deux clergés orientaux. Les religieux d'Europe, voyant leur mission toucher à sa fin, se replieront peu à peu vers leur patrie, laissant derrière eux leurs conseils, leurs lumières, leur appui moral et par dessus tout, le doux souvenir de leurs exemples de dévouement et d'héroïques vertus. Les missionnaires orientaux seront libres dans leur action, parce qu'ils seront du pays; rien ne s'opposera invinciblement à leurs pacifiques conquêtes et les plus beaux succès couronneront leurs travaux apostoliques. C'est alors qu'on verra les Arméniens Schismatiques, les Nestoriens, les Jacobites se hâter, comme des brebis attardées, de rejoindre le troupeau du Sauveur Jésus-Christ; il n'y aura bientôt plus qu'un seul bercail, et qu'un seul pasteur: *Fiet unum ovile et unus pastor* [1], et la

1 Ioan. X, 16.

chrétienté d'Asie verra, peut-être sans tarder, poindre de nouveau à l'horizon le siècle des Ephrem et des Chrysostôme. L'Islamisme subira lui-même l'influence de cette heureuse résurrection ; s'il plait à la Providence de le laisser un jour se dissoudre, l'Eglise aura sur lieux des apôtres tout prêts à recueillir les âmes, au sein du naufrage, et trouvera ainsi, dans les deux clergés d'Asie, un de ses plus beaux ornements et de ses plus fermes appuis. Doté des deux éléments essentiels à toute société chrétienne, l'Orient s'avancera rajeuni et sans crainte dans les voies de l'avenir, non plus traîné péniblement à la remorque, mais voguant de concert avec l'Europe sur l'Océan de la civilisation catholique, pour cingler avec elle vers les rives de l'éternité.

Et maintenant, chère Chaldée, Adieu! Adieu, terre infortunée! adieu, mais au revoir, chère patrie d'Abraham
et de Job! La vieillesse jointe au malheur échappe rare-
ment à l'oubli; faut-il s'étonner dès lors, que tout le monde
connaisse et le nom et la vie de ces deux grands saints et
qu'il y ait à peine, au fond de notre Europe, un souvenir pour la Chaldée, qui leur donna le jour? Ses deux fils
illustres personnifient toutefois admirablement ses destinées.
Abraham rappelle ses gloires, Job redit ses infortunes et
tous les deux, entrelaçant ensemble et leurs triomphes et
leurs revers, éternisent à tout jamais sa mémoire. Comme
Job, la Chaldée eut jadis de l'opulence, un grand nom, un
nom craint et révéré dans tout l'Orient: *eratque vir ille*
*magnus inter Orientales!* Riche des dons de la terre, des
dons de l'esprit et plus tard de ceux de la foi, maîtresse
des arts antiques, propagatrice de la civilisation, elle res-
semblait à un temple, où de grandes gloires s'étaient donné rendez-vous....., Tel fut le passé, et aujourd'hui que
reste-t-il?.. Hélas! rien ou presque rien. Les arts, les gloires, le nom, tout a disparu. Ce n'est plus Job au sein de

ses splendeurs; c'est Job tristement assis et pleurant sur son abjection. Comme lui, la Chaldée aurait pu s'écrier naguères : *je suis sortie nue des mains du créateur, et nue je vais revenir à lui!*

Ah! puissent du moins ses épreuves héroïquement supportées, ressembler aussi à celles de Job et annoncer, comme les siennes, de nouvelles gloires! Non, ce n'est pas un vœu illusoire, ni un espoir sans fondement! L'antique étoile s'est relevée sur l'horizon, après avoir été trop longtemps éclipsée. La religion catholique, embrassée d'abord par les Mages de la Chaldée, semble près de refleurir et de renouer la chaîne des traditions interrompues. Non, la Chaldée ne descendra pas encore au tombeau; elle renaîtra à la vie et aux grandeurs de l'avenir; car, c'est pour elle plus que pour d'autres, sans doute, que l'Esprit-Saint a dit « *Dieu fit guérissables les nations de la terre.* Ces paroles se réaliseront pour cette terre infortunée, et les générations futures pourront dire d'elle « *que Dieu a plus béni encore ses « derniers jours que les premiers; Benedixit novissimis Iob « magis quam principio ejus!* » (Iob. XLII, 12).

# APPENDICE

# APPENDICE

—

I. Nous avons crû devoir joindre à cette brochure quelques éléments de statistique religieuse. Les documents sur les quels nous les avons rédigés, ne nous ont pas permis de faire quelque chose de complet. Il serait à désirer cependant, que, dans les diverses missions, on exécutât exactement et sur une échelle plus étendue, des *statistiques détaillées, des cartes etc. qui auraient au moins un avantage, celui de faire mieux connaître les divers pays.*

II. Quelques uns des chiffres que nous donnons ici, ne peuvent être évidemment qu' approximatifs, par la raison bien simple, que, n'avons pas eu assez de données diverses, pour les contrôler. Nous avons tenu, généralement parlant, à demeurer en deçà de la vérité, plutôt qu' à en franchir les limites. Nous croyons par exemple, que les Chaldéens-Unis dépassent le chiffre de 60,000, si on y comprend ceux qui habitent la Perse. Le R. P. Ligiez écrivait en 1859 : « Le rite chaldéen, est le plus important, par le nombre « des fidèles et du clergé, qui le suivent. Les Chaldéens « atteignent aujourd'hui le chiffre d'environ 80,000, qu'on « peut répartir ainsi : 15,000 en Perse ; 50,000 dans le « Kourdistan ; 15,000 en Mésopotamie ». Le chiffre de

14

70,000, que nous avons donné (page 46), semblerait donc se rapprocher le plus de la verité. Nous livrons ici du reste, telle qu'elle nous a été fournie, une statistique un peu détaillée, où le chiffre total s'élève à 70,268.

III. Nous recommandons tout particulièrement les tableaux IV. V. VI. Les deux premiers concernent les deux diocèses d'Akra et d'Amédéah situés à l'Est et au Nord de Mossoul, à côté des Nestoriens. Leurs églises sont si pauvres, que *Notre Seigneur n'y a pas un tabernacle où il réside.* C'est à peine encore, si ces deux diocèses ont une école élémentaire. Le tableau n.° VI montrera aussi tout ce qui reste à faire sous ce rapport. On ne manquera pas d'observer, en particulier, qu'il n'y a *qu'une seule école pour les filles*; on soupçonnera, toutes les misères qui demandent à être soulagées, et on voudra bien relire les pages 65–66, pour former les vœux qui s'y trouvent émis.

IV. L'examen de cette statistique pourrait peut–être inspirer le désir de voir les missionnaires, adresser à l'œuvre de la Propagation de la foi un compte-rendu sommaire des fonds, qui leur sont alloués, et des œuvres principales auxquelles on les affecte. Les fidèles suivraient avec bonheur le développement de ces œuvres et se sentiraient portés, en connaissant mieux les besoins, à appliquer quelques ressources *extraordinaires* aux institutions, qui leur paraîtraient plus importantes et plus utiles.

V. Encore un dernier mot. Nous joignons à cette brochure une carte du Kourdistan et de la Chaldée. Elle a été dressée, quand au fond, sur une *lithographie, malheureusement trop confuse,* éxécutée à Mossoul (voir tabl. VII<sup>e</sup>); *cette confusion des noms* a été cause qu'on a commis une erreur, dans les premiers

exemplaires qu'on a tirés. Kotchannès, résidence du Patriarche nestorien, a été placé en Perse, tandisque ce village est si-
tué *au Nord de Giulamerk, de manière à former un triangle
équilatéral avec cette ville et celle de Diz* (voir p. 47). On a
remarqué l'erreur un peu trop tard ; mais on l'a corrigée
dans les cent dernières copies. Nous devons une foule de détails, qui ne se trouvaient point dans la carte lithographiée,
à *Mgr. Millos métropolitain d'Amédéah et vicaire du Patriarche Chaldéen aux fêtes du centenaire.* Nous prévenons par là
même ceux qui nous lisent, qu'ils ne doivent point s'attendre à y trouver une exactitude *absolue* et *géométrique.*

Nous serions heureux de pouvoir remercier ici les personnes, qui nous ont aidé ou dirigé dans l'exécution de cette
carte ; mais leur modestie serait offensée, si nous soulevions
le voile qui la couvre ; nous nous résignons dès lors à les
recommander vivement au Sacré-Cœur de Jésus, qui connaît leur mérite et saura bien le récompenser.

I.

# STATISTIQUE GENERALE DE LA CHALDÉE

| SIÈGE DES ÉVÉCHÉS | Habitants | Population catholique du Diocèse | Nombre des Villages | Prêtres | Écoles | Nombre d' Elèves |
|---|---|---|---|---|---|---|
| ✠ MOSSOUL (Patriarcat) . | 50,000 | 23,030 | 9 | 40 | 11 | 1,090 |
| AKRA. . . . . . . . . . | 8,000 | 2,718 | 19 | 17 | 1 | 30 |
| AMÉDÉAH. . . . . . . | 4,000 | 6,020 | 26 | 10 | 1 | 30 |
| BASSORAH . . . . . . | 10,000 | 1,500 | » | » | » | » |
| DIARBÉKIR [1] . . . . . | 50,000 | 2,000 | 2 | 6 | 1 | 60 |
| DJÉZIRAH. . . . . . . | 15,000 | 7,000 | 20 | 15 | 4 | 280 |
| KERKOUK . . . . . . . | 40,000 | 4,000 | 10 | 10 | 2 | 160 |
| MARDYN. . . . . . . . | 30,000 | 1,000 | 2 | 2 | 1 | 60 |
| SÉERT . . . . . . . . . | 14,000 | 11,000 | 35 | 20 | 5 | 400 |
| SALAMAST ou KOUS-RAVA . . . . . . . . | . . . . | 8,000 | 20 | 10 | 10 | 389 |
| SÉNA. . . . . . . . . | 30,000 | 1,000 | 2 | 1 | » | » |
| ZAKO . . . . . . . . . | . . . . | 3,000 | 15 | » | » | » |
| Somme . . . | . . . . | 70,268 | 160 | 125 | 36 | 2,499 |

[1] L'Evêque de Diarbékir remplit les fonctions d'Ordinaire pour les Catholiques du rite Chaldéen établis à Alep, en Égypte et dans les villes de la Syrie et de la Palestine.

## II.

# STATISTIQUE DE L'ÉPISCOPAT CHALDÉEN

| NOMS | Diocèse | Patrie | Age | Époque de la Promotion | Lieu d'Éducation |
|---|---|---|---|---|---|
| ASMAR Emmanuel . . . | Zako . . . | Telkepa. . | 67 | 1861 | Raban-Hormuz |
| AUDO Joseph 1 . . . . . | Mossoul. . | Alkosch. . | 77 | 1847 | Raban-Hormuz |
| BAR-SCHINO Augustin | Khousrava | Khousrava | 52 | 1850 | *Propagande* |
| BAR-TATAR Pierre . . | Seert . . . | Khousrava | 58 | 1856 | *Propagande* |
| DASTOH Ignace. . . . . | Mardyn. . | Alkosch. . | 70 | 1834 | Raban-Hormuz |
| HINDI Paul . . . . . . . | Djézirah. . | Diarbékir . | 52 | 1852 | *Propagande* |
| KHAYAT Abd-Jésu 2. . | . . . . . . | Mossoul. . | 44 | 1860–63 | *Propagande* |
| MILLOS Elias . . . . . , . | Amédéah . Akra . . . | Mardyn. . | 36 | 1864 | Raban-Hormuz |
| ROCKOUS Thomas . . . | Bassorah . | Manguesch | 65 | 1860 | Raban-Hormuz |
| SINDJARI Simon . . . . | Sena . . . | Telkepa. . | 70 | 1854 | Raban-Hormuz |
| TAMRÈS Jean . . . . | Kerkouk . | Telkepa. . | 64 | 1855 | Raban-Hormuz |

1 Mgr. Joseph Audo était auparavant Archevêque d'Amédeah ; il fut promu à ce Siège en 1833. Voir page 85.

2 Mgr. Abd-Jésu Khayat, promu à l'Archevêché d'Amédeah en 1860, s'en démit en 1863. Ce Prélat remplit actuellement les fonctions de Vicaire du Patriarche et administre le diocèse de Diarbékir depuis la mort de Mgr. de Natalis. Voir page 32.

## III.

# STATISTIQUE DU DIOCÈSE PATRIARCAL DE MOSSOUL

| LOCALITÉS | POP. CATH. | ÉVÊQUES | PRÊTRES | ÉCO-LES | ÉLÈVES | ÉGLISES |
|---|---|---|---|---|---|---|
| Mossoul | 9,000 Chaldéens | Audo *Joseph* Patriarche, Khayat, Vic. du pat. / Rockous Evêque de Bassorah | *Meskynha.* **1. Paroisse de Marth** Kas Yatim *Ioussef.* Curé. » Yatim *Elias* » Rassan *Pierre* » Galo *Antoine* » Aboulionan*Elias* » Naaman *Yakoub* / **2. Paroisse de Mar-le-schouah** » Hadbeschéba *Roumanos* Curé » Abd-el-Karim | 7 | 590 | 6 |
| Alkosch | 3,000 Chald. | » | Kas. Ioahanna *Micaël* » Raïes *Mathai* » Zouhera *Youssef* » Audo *Hormuz* | 1 | 200 | 2 |
| Bagdad | 2,000 Chald. | » | » Dehkaré *Elias* Curé » Kédeur *Thomas* » Kacha *Youssef* | 1 | 100 | 1 |
| Batnaïa | 700 | » | » » *Paul* » » *Kuriakos* | | | 1 |
| Beit-Koupa | 300 | Sindjari *Simon*, évêque de Séna fait les fonctions de Curé de Beith-Koupa | | » | » | 1 |
| Kermlesch | 500 | » | » | » | » | 1 |
| Charphia | 30 | » | » | » | » | » |
| Telképa | 6,000 | » | Kas Kathoula *Hanna* Curé » Schameschiah *Micaël* » » *Eughin* » » *Youssef* » Nagara *Pierre* » Danaïa *Hanna* » Sedto *Youssef* » » » Kathoula *Rouphaïl* | 2 | 200 | 2 |
| Télesképa | 1,500 | » | » » *Mathaï,* Curé » » *Micaël* » » *Hanna* | | | |
| Somme..... | 23,030 | | 29 | 11 | 1090 | 16 |

## IV.

## STATISTIQUE DU DIOCÈSE D'AMÉDÉAH

| LOCALITÉS | POP. CATH. | PRÊTRES | ÉGLISES | ÉCOLES | ÉLÈVES |
|---|---|---|---|---|---|
| Amédéah | 500 | » | » | » | » |
| Hamsiah | 110 | » | 1 | » | » |
| Araden | 600 | 2 | 1 | » | » |
| Téna | 300 | 1 | 1 | » | » |
| Daoudia | 250 | » | » | » | » |
| Ineschk | 200 | » | 1 | » | » |
| Manguescha | 1200 | 3 | 1 | » | » |
| Dehuc | 300 | 1 | 1 | » | » |
| Mar-Yakoub [1] | 150 | 1 | 1 | 1 | 30 |
| Schious | 60 | 1 | 1 | » | » |
| Maaltaïé | 80 | 1 | 1 | » | » |
| Hourdapna | 130 | | 1 | » | » |
| Beith-Sapra | 20 | Ces 7 villages | 1 | » | » |
| Bibouzé | 150 | sont desservis par | 1 | » | » |
| Dézé | 80 | un ou deux re-ligieux que leur | 1 | » | » |
| Azach | 350 | envoient les moi-nes de Raban Hor- | 1 | » | » |
| Harmasché | 300 | muz. | 1 | » | » |
| Téla | 350 | | 1 | » | » |
| Tel-Hasch [2] | 60 | » | 1 | » | » |
| Birta | 20 | » | 1 | » | » |
| Pios | 120 | » | » | » | » |
| Nasséria | 150 | » | 1 | » | » |
| Délep | 150 | » | » | » | » |
| Atosch | 170 | 1 | » | » | » |
| Beith-aïnata | 150 | » | » | » | » |
| Comané | 20 | » | » | » | » |
| Mézé | 50 | » | 1 | » | » |
| Somme..... | 6,020 | 10 | 20 [3] | 1 | 30 |

[1] L'Eglise du petit village de Mar-Yakoub serait assez belle ; mais le toit s'est effondré, et on n'a pas encore pu le rétablir. Les fidèles se rendent pour les offices au couvent des RR. PP. Dominicains.

[2] Tel-Hasch possède une Eglise antique, mais un peu ruinée. Elle est assez belle et dédiée à Mar-Miles.

[3] La plupart des Eglises sont dans un état misérable. (Voir page 68-69.)

*Nota bene.* — Depuis la conversion du village de *Scharmin* (voir page 52), nous avons appris par une lettre subséquente celle de plusieurs villages du pays d'Halamoun, lorsque Mgr. le Patriarche, Joseph Audo, y est passé en se rendant à Aschita, où il espérait voir Mar-Schémoun.

APPENDICE. PRINCIPALES LOCALITÉS NESTORIENNES

| | | |
|---|---|---|
| Argan | 100 | Nestoriens |
| Déré | 300 | |
| Déhè | 300 | |
| Assoïan | 300 | |
| Comané | 200 | |
| Tellonita | 100 | |
| Mézé | 200 | |
| | 1,500 | |

V.

# STATISTIQUE DU DIOCÈSE D'AKRA

| LOCALITÉS | POP. CATHOL. | PRÊTRES | ÉGLISES | ÉCOLES | ÉLÈVES |
|---|---|---|---|---|---|
| Akra | 280 | *Ioussef* Schaïa | 1 | 1 | 30 |
| Herpa | 250 | 2 { *Mousché* Rendou | 1 | » | » |
|  |  | { *Mousché* Mousro |  | » | » |
| Niram | 100 | { *Yeschoua* | 1 | » | » |
| Scharmin | 300 | { *Saba* | 1 | » | » |
| Beith-noura | 150 | » | » | » | » |
| Cahnipalan | 120 | *David* | 1 | » | » |
| Hardez | 120 | » | 1 | » | » |
| Guessa | 50 | » | 1 | » | » |
| Bamschemsché | 200 | *Thoma* | 1 | » | » |
| Artoun | 150 | *Isaie* Hourmés | 1 | » | » |
| Sanaïé | 150 | » | 1 | » | » |
| Douré | 120 | » | 1 | » | » |
| Guépa | 60 | » | 1 | » | » |
| Herbesch | 30 | » | » | » | » |
| Aréna | 330 | *Mathaï* Guriel | 1 | » | » |
| Barzéné | 100 | *Yacoub* [1] | 1 | » | » |
| Beit-coulé | 50 | » | 1 | » | » |
| Bir-sapra | 28 | » | » | » | » |
| Malla-Cullingué | 150 | » | » | » | » |
| *Somme.....* | 2.718 | 10 | 15 | 1 | 30 |

LOCALITÉS NESTORIENNES LES PLUS
CONSIDÉRABLES

| | |
|---|---|
| Ardel | 300 hab. |
| Siro | 500 |
| Zerra | 120 |
| Halana | 500 |
| Djermon | 300 |
| Schapséta | 400 |
| Daïarbani | 250 |
| Cathouna | 300 |
| | 2,670 |

1 Les Villages de Niram et de Scharmin ont été recemment convertis du Nestoriamisme, avec les deux prêtres qui les desservent (voir **p. 52** note).

2 Voir page 72. C'est de ce prêtre qu'il est question.

*Nota bene.* — Toutes les églises du diocèse d'Akra sont des plus misérables (voir pag. 68-69). Il n'y a pas un tabernacle où notre Seigneur puisse résider décemment.

## VI.

# STATISTIQUE DES ÉCOLES DE LA CHALDÉE

| DIOCÈSE | LOCALITÉS | NOMBRE DES ÉCOLES | NOMBRE DES ÉLÈVES |
|---|---|---|---|
| Mossoul 13,000 cath. | Mossoul 7 | 1 à Marth-Meskyntha pour les enfants Chaldéens | 150 |
| | | 1 à Mar-Yeschouah id | 60 |
| | | 1 a Taharah ⎰ pour les garçons ⎱ Syri. | ⎰100 |
| | | 1 ibid. ⎰ ⎱ | ⎱100 |
| | | 1 » » pour les filles | |
| | | 1 pour les *petits* Enfants ⎰ Commune aux | ⎰ 80 |
| | | 1 pour les jeunes gens 1 ⎰ Chaldéens et aux Syriens | ⎱100 |
| | Alkosch | 1 . . . . | 200 |
| | Bagdad | 1 . . . . | 100 |
| | Batnaïa Kermlesch Teleskepa Souleimaniah 2 | | |
| Amédèah Diarbékir Djézirah. | Teskepa | 2 . . . pour les garçons . | 200 |
| | Mar-Yakoub | 1 . . . . id. . . | 30 |
| | Akra | 1 . . . . id. . . | 30 |
| | " | 1 . . . . id. . . | 60 |
| | Dans divers endroits | 3 . . . . id. . . | 200 |
| Kerkouk. | Pey-Chabour | 1 . . . . id. . . | 80 |
| | Kerkouk | 1 . . . . id. . . | 80 |
| | Ancawa | 1 . . . . id. . . | 80 |
| Mardyn | " | 1 . . . . id. . . | 60 |
| Séert | " | 5 . . . . id. . . | 400 |
| Salamast | Khosrava 3 | ⎰1 pour les garçons . . . | 130 |
| | | ⎰1 pour les filles . . . | 100 |
| | | ⎱1 Seminaire . . . | 18 |
| | Patavour | 2 . . . . id. . . | 40 |
| | Guhzan | 1 . . . . id. . . | 30 |
| | Eula | 1 . . . . id. . . | 12 |
| | Zervadjik | 1 . . . . id. . . | 19 |
| | Djarah | 1 . . . . id. . . | 40 |
| | Somme..... | 36 | 2499 |

1 On enseigne dans cette école les éléments des diverses sciences : l'*Arithmetique*, l'*Histoire*, la *Géographie*, même un peu de français et d'Italien.

2 Toutes ces écoles sont fermées, depuis 1859. — Nous avons recueilli les détails sur celles de la Perse, dans une lettre de Mr. Cluzel du 23 Mai 1862 (*Œuvre des écoles d'Orient*, Janvier 1863.) Quoique un peu ancienne, elle donne une idée de l'état des écoles dans ce pays. Nous aurions désiré avoir sous la main les derniers numéros du Bulletin, pour donner des chiffres plus exacts ; mais il nous a été impossible de nous les procurer. Nous avons aussi cherché en vain, dans l'*Année domi-nicaine* l'énumération des écoles entretenues par la Mission de Mossoul. Les renseignements, que nous donnons, nous ont été fournis de vive voix. Les chiffres ne peuvent donc être qu' approximatifs. Il existe aussi deux écoles pour les Syriens à *Karakosch* et à *Bartelli*. (Voir aussi pag. 160.)

Cette Statistique des écoles chaldéennes en dit plus à elle seule, que de longs discours ; deux choses frappent surtout. Les femmes y sont presque totalement négligées ; et la plupart des bourgades man-quent même de l'école la plus élémentaire.

VII.

# STATISTIQUE DES COUVENTS

Nous avons indiqué, sur la carte, quelques uns des couvents les plus célèbres dans l'histoire monastique de l'Orient. On peut les ranger en trois classes : I. Les uns sont totalement ruinés et leur souvenir ne se conserve que par le pélerinage, qu'y font les chrétiens le jour de la fête du personnage à qu'ils étaient dédiés. II. Les seconds, sans être dans un état de conservation parfaite, ont cependant quelques parties intègres ; le plus souvent c'est l'église. III. Les derniers enfin sont encore habités.

## I. CLASSE

Mar-Aaron
Mar-Abd-Jésus
Mar-Abraham (mont Yzla)
Mar-Abraham (nord de mossoul)
Mar-Babaï
Bar-Touré [1]
Beith-Habé
Daïrat-Alpaïé
Daïrat-abouna
Daïra-dresché
Mar-Daniel
Mar-Elia Hirtaïa
Raban-bar-Hedta
Mar-sabar Yeschou
     (Dbeith-Kouka)
Mar-Sarghis.

[1] Tous les habitants de ce pays se sont faits Yézidis. Une famille s'appelle encore *la famille de l'Evêque*. On dit qu'elle possède une bibliothèque précieuse murée dans un caveau. C'est beaucoup que les Yézidis consentent a conserver des livres !

[2] Couvent de religieux ayant une bibliothèque.

[3] Résidence de deux Evêques nestoriens. Il paraît que ces hérétiques auraient dans le Kourdistan quatre ou cinq Evêches de plus, que nous n'en avons nommé (page 47, note 1.) — Deux autres Evêches se trouveraient près de Chamesdin.

## II. CLASSE

Mar-Gabriel
Mar-Italaha
Mar-Isaïa
Mar-Yakoub (*Nisibe*)
Mar-Yakoub (*Amédéah*)
Soultan-Mahdia
Mar-Zaiah

## III. CLASSE

### COUVENTS

Catholiques {
Djaroukia
Mar-Yakoub-Hébischaia } Habités par de simples prêtres.

Mar-Ghéorghis
Marth-Mariam
Raban-Hormuz } Habités par des moines

Jacobites {
Mar-Eughin
Mar-Gouria
Mar-Iohanna nahelaïa
Mar-Mathaï

Nestoriens {
Mar-Abd-Yeschou [2]
Mar-Hadbeschabba
Mar-Kaïouma [3]
Mar phétion.

## VIII.

### LISTE DES OUVRAGES PUBLIÉS À MOSSOUL JUSQU'À CE JOUR
### PAR LES SOINS DES PP. DOMINICAINS

| I. PAR LA LITHOGRAPHIE 1857-1860. | II. PAR LA TYPOGRAPHIE 1861-1867. |
|---|---|
| **1** Abécédaire . . . . . . . 30 pages<br>**2** Méthode du Rosaire . . 30 pages<br>**3** Méthode pour répondre à la messe *en Syriaque.*<br>**4** Tableaux muraux en Arabe et en *Chaldéen*<br>**5** Questionnaire du catéchisme historique de Fleuri, en *Chaldéen.*<br>**6** Grammaire arabe . . . 200 pages<br>**7** Catéchisme<br>**8** Un essai de carte Géographique | 1 Exercice du chemin de la croix. . . . . . . . . . . 1861<br>2 Eucologe in 12 . . 429 pag. 1861<br>3 Géographie in 12. . . . . . 1861<br>4 Syllabaire in 12 . . . . . . 1862<br>5 Histoire sainte . . . . . . .<br>6 Abrégé de la doctrine chrétienne . . . . . . . . . . 1863<br>7 Anthologie arabe. . . . . . 1863<br>8 Office de la Vierge . . . . .<br>9 Vie de S. François d'Assise 1864<br>10 Choix de cantiques. . . . .<br>11 Chrestomathie française . . 1865<br>12 Arithmétique . . . . . . . . 1865<br>13 Grammaire française exposée en Arabe. . . . . . . 1865<br>14 Traité de style . . . . . . . 1866<br>15 Vie de S. D minique . . . . 1867<br>16 En préparation la S. Bible en Arabe<br>Voir *Année Domini*. (Août 1867) et le Bulletin des Ecoles d'Orient(mars1867). |

### III. LA TYPOGRAPHIE CHALDÉENNE

a publié en 1866

Le Pseautier . . . . . 340 pages (Voir pag. 95.)

Le Daqdam vebothar . 350 pages (ibid.)

# TABLE DES MATIÈRES

~~~~~~~

## ERRATA

| page | ligne | errata | lisez |
|---|---|---|---|
| 9 | 10 | *vraissemblance* | vraisemblance |
| 14 | 3 | *Sur–nommé* | Surnommé |
| 15 | 22 | *Barhebréus, à écrit* | Bar-hébréus a écrit |
| 17 | 22 | *vicissitudes* | désastres |
| 18 | 18 | *, peut– être* | peut–être, |
| 19 | 17 | *illéttrés* | illettrés |
| 20 | 11 | *corréligionaires* | corréligionnaires |
| 25 | 1 | *suffissament* | suffisamment |
| 32 | 3 | *Mossoul (50,000 hab)* | Mossoul (ville de 50,000 hab ) |
|  | 31 | 15000 | 1000 |
| 40 | 15 | *ils ne savent attirer leur propre tête* | *sur* leur propre tête |
| 48 | 27 | *nous n'oson nous* | nous n'osons *pas* |
| 59 | 23 | *Ces* | Ses |
| 65 | 26 | *disaint ils* | disaient–ils |
| 65 | 27 | *d'autre* | d'autres |
| 67 | 17 | *daavntage* | davantage |
| 98 | 15 | *Evangélization* | Évangélisation |
| 125 | 29 | *eforts* | efforts |
| 149 | 17 | *taché* | tâché |
| 150 | 26 | *aura remplir* | aura à remplir |
| 154 | 22 | *revet* | revèt |
| 175 | 26 | *leur* | leurs |
| 177 | 2 | *créât* | crée |
| 186 | 26 | *mé–me* | même |

Imprimatur – Fr. Marianus Spada Ord. Praed. S. P. A. Magister.

Imprimatur – Petrus de Villanova Castellacci Archiep. Petrae, Vicesgerens.

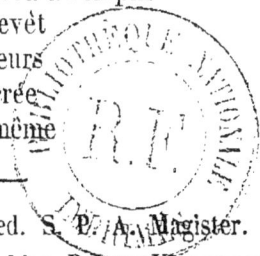

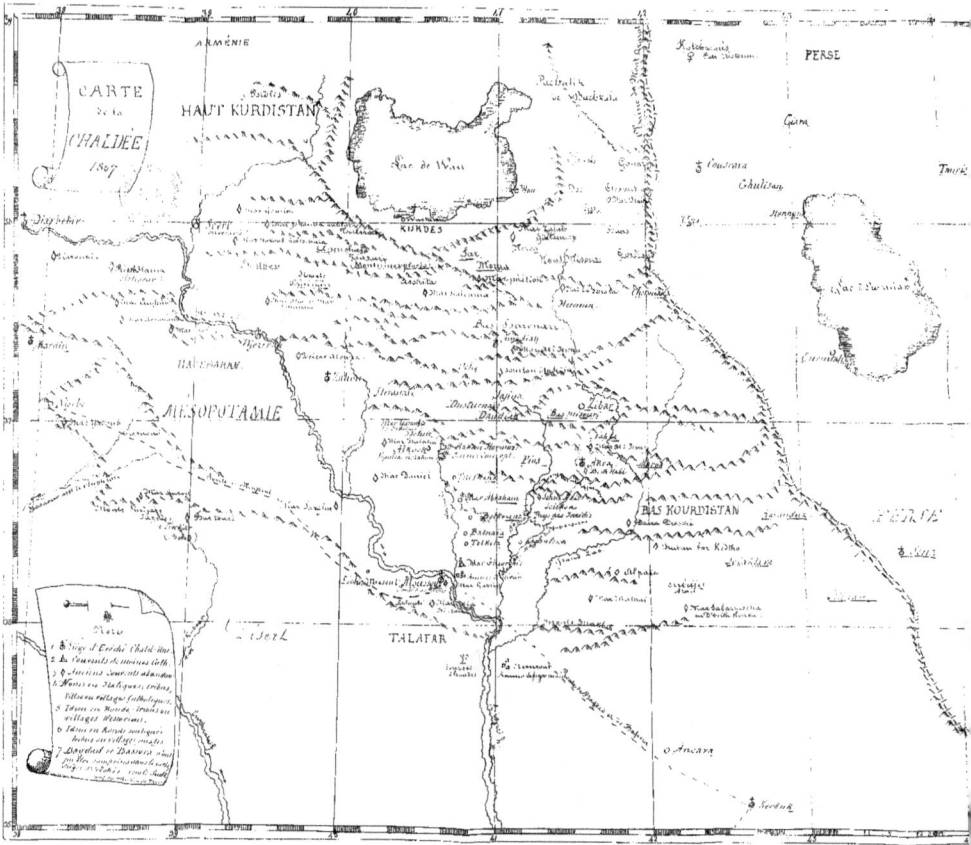

Cet opuscule se vend quatre francs au profit des églises de la Chaldée.

On le trouve,

à ROME à la *Civiltà Cattolica,* rue du Gesù, 61 ;
    chez Spithoever, place d'Espagne ;
    chez Marietti, Propagande.
à PARIS, chez Jacques Lecoffre.

www.ingramcontent.com/pod-product-compliance
Lightning Source LLC
Chambersburg PA
CBHW060025100426
42740CB00010B/1596